CONQUISTE SUA LIBERDADE FINANCEIRA

LEANDRO RASSIER

CONQUISTE SUA **LIBERDADE FINANCEIRA**

ORGANIZE SUAS FINANÇAS E FAÇA O SEU DINHEIRO TRABALHAR PARA VOCÊ

Quais as melhores opções de investimento?

Empréstimos e financiamentos: quando valem a pena?

Como manter o padrão de vida na aposentadoria?

ALTA BOOKS
EDITORA
Rio de Janeiro, 2018

Conquiste Sua Liberdade Financeira — Organize suas finanças e faça o seu dinheiro trabalhar para você

Impresso no Brasil.

Obra disponível para venda corporativa e/ou personalizada. Para mais informações, fale com projetos@altabooks.com.br

Copidesque
Letícia dos Santos Féres

Editoração Eletrônica
Máquina Voadora | Raquel Soares

Revisão
Elayne Mayworm Lopes

Produção Editorial
Elsevier Editora - CNPJ: 42.546.531./0001-24

CIP-Brasil. Catalogação-na-fonte
Sindicato Nacional dos Editores de Livros, RJ

R178e

Rassier, Leandro Hirt, 1970-
Conquiste sua liberdade financeira : organize suas finanças e faça o seu dinheiro trabalhar para você / Leandro Rassier. - Rio de Janeiro: Alta Books, 2018.
il. color.
Inclui bibliografia
ISBN 978-85-508-0213-8

1. Finanças pessoais. 2. Segurança financeira. 3. Poupança e investimentos. 4. Educação financeira. I. Título.

10-3653. CDD: 330.024
CDU: 330.567.2

26.07.10 29.07.10 020482

ALTA BOOKS
EDITORA

Rua Viúva Cláudio, 291 — Bairro Industrial do Jacaré
CEP: 20970-031 — Rio de Janeiro - RJ
Tels.: (21) 3278-8069 / 3278-8419
www.altabooks.com.br — altabooks@altabooks.com.br
www.facebook.com/altabooks

Aos meus avós e meus ídolos: Alda e Osmar.

A ti, vó, a gratidão pela confiança, pelo exemplo de perseverança e de amor à vida. És a minha grande incentivadora!

Com certeza, vô, sem tua ajuda e teus ensinamentos nunca teria chegado até aqui. És o meu grande mestre!

A vocês todo o meu carinho, respeito e admiração.

AGRADECIMENTOS

Agradeço a todos os amigos e colegas do Escritório Moinhos Agente Autônomo de Investimentos pelo respeito, pela colaboração e pelo incentivo.

Aos meus pais, que com muito carinho e amor se fazem presentes em todos os momentos da minha vida.

E à minha esposa e companheira Clarissa, por ter sido motivadora, compreensiva e parceira.

SUMÁRIO

1 CAPÍTULO 1 FORMIGA OU CIGARRA?

7 CAPÍTULO 2 QUER TESTAR SUA INTELIGÊNCIA FINANCEIRA?

15 CAPÍTULO 3 PLANEJANDO SUA VIDA FINANCEIRA

23 CAPÍTULO 4 ENTENDENDO SUA RENDA

29 CAPÍTULO 5 COMO ESTÁ SUA SAÚDE FINANCEIRA?

49 CAPÍTULO 6 EMPRÉSTIMOS E FINANCIAMENTOS: VALEM A PENA?

65 CAPÍTULO 7 ACUMULAÇÃO DE CAPITAL

81 CAPÍTULO 8 INVESTIDOR BEM-SUCEDIDO

115 CAPÍTULO 9 APOSENTADORIA: COMO MANTER MEU PADRÃO DE VIDA?

129 CAPÍTULO 10 CONQUISTE SUA LIBERDADE FINANCEIRA

PREFÁCIO

Através da leitura da obra *Conquiste sua liberdade financeira* do Prof. Leandro Rassier fica bem claro que educar é mais do que a simples transmissão de conhecimentos científicos; acima de tudo e principalmente, é transmitir instrumentos e postura aos cidadãos para que eles desenvolvam um senso crítico próprio e habilidade para lidar com o dinheiro. Sem dúvida, ele mostra que a solução dos problemas do dinheiro começa dentro de nós e o que é necessário fazer para conquistar a liberdade financeira.

De maneira muito didática, este livro ensina como enfrentar e superar as frustrações financeiras da vida. Cada capítulo revelará que todo problema de falta de dinheiro é superável pelo esforço individual, ensinando como é possível elevar-se forte e vitorioso, acima de qualquer problema!

Foi com esse firme propósito que o Prof. Leandro Rassier ensina o leitor, em uma linguagem simples e direta, os elementos fundamentais sobre o dinheiro. Creio que o leitor que estudar este livro com verdadeiro empenho e utilizar as muitas técnicas eficazes nele sugeridas será um vitorioso.

Entretanto, convém lembrar que nada nem ninguém fará algo por nós, se nós próprios não estivermos empenhados com isso. Então, comece já, com este livro, a lidar bem com dinheiro e deixe que tudo de bom e agradável lhe aconteça na vida. Boa sorte!

Alfredo Meneghetti Neto

Economista da FEE e Professor da PUCRS

CAPÍTULO 1
FORMIGA OU CIGARRA?

O maior desafio
para construir uma boa
poupança está na dor
que imediatamente é sentida
quando se renuncia
ao consumo imediato
na esperança de ser
recompensado no futuro.

Educação financeira deve vir de casa ou da escola? Eis a questão!

Segundo a consultora Cássia D'Aquino, a educação financeira nos países desenvolvidos tradicionalmente cabe às famílias. Às escolas, fica reservada a função de reforçar a formação que o aluno adquire em casa.

No Brasil, os currículos escolares ainda são muito extensos e abordam uma série de conhecimentos, muitas vezes de pouca utilidade prática. São pouquíssimas as escolas que apresentam em sua grade curricular disciplinas que envolvem noções de finanças, de economia e até mesmo de matemática financeira, todas de suma importância para nosso dia a dia. História, Geografia, entre outras, são importantes e devem ser estudadas, porém as escolas deveriam adaptar os conteúdos programáticos à realidade do cotidiano. É necessário também ter conhecimento mínimo sobre macro e microeconomia, para, ao menos, entender matérias referentes a esses assuntos veiculadas em jornais, telejornais e internet. Hoje existe uma preocupação maior, por parte do governo, quanto à educação financeira na escola. Há projetos para inserção deste assunto nos currículos de ensino fundamental e médio da escola pública. Porém, na prática, pouco se evoluiu a esse respeito, até porque serão necessários professores preparados, habilitados e com vivência para desenvolverem tal tema. Quem teve boa educação financeira em casa pode comprovar que conhecimento faz a diferença na vida de uma pessoa, o que, infelizmente, na maioria das vezes não acontece no Brasil, pois a educação financeira ainda não é parte do universo educacional familiar. Assim, a maioria das crianças, jovens e adultos brasileiros, não aprende a lidar com dinheiro nem em casa nem na escola.

Hoje, passados alguns anos, consigo entender a intenção e a preocupação de meu avô, quando, um belo dia, me chamou para ouvir uma história. Eu devia ter nove ou dez anos de idade. Ele começou a contar a história no escritório da casa dele, e começava mais ou menos assim:

> Era uma vez uma cigarra que vivia saltitando e cantando pelo bosque, sem se preocupar com o futuro. Ao esbarrar numa formiguinha que carregava uma folha pesada, perguntou:
>
> — Ei, formiguinha, para que todo esse trabalho? O verão é para a gente aproveitar! O verão é para a gente se divertir!
>
> — Não, não, não! Nós, formigas, não temos tempo para diversão. É preciso trabalhar agora para guardar comida para o inverno.
>
> Durante o verão, a cigarra continuou se divertindo e passeando pelo bosque. Quando tinha fome, era só pegar uma folha e comer.
>
> Um belo dia, passou de novo perto da formiguinha carregando outra folha pesada.

A cigarra então aconselhou:

— Deixa esse trabalho para as outras! Vamos nos divertir. Vamos, formiguinha, vamos cantar! Vamos dançar!

A formiguinha gostou da sugestão. Ela resolveu ver a vida que a cigarra levava e ficou encantada. Resolveu viver também como sua amiga. Mas, no dia seguinte, apareceu a rainha do formigueiro e, ao vê-la se divertindo, olhou feio para ela e ordenou que voltasse ao trabalho. Tinha terminado a vidinha boa.

A rainha das formigas falou então para a cigarra:

— Se não mudar de vida, no inverno você há de se arrepender, cigarra! Vai passar fome e frio.

A cigarra nem ligou, fez uma reverência para a rainha e comentou:

— Hum! O inverno ainda está longe, rainha!

Para a cigarra, o que importava era aproveitar a vida e aproveitar o hoje, sem pensar no amanhã. Para que construir um abrigo? Para que armazenar alimento? Pura perda de tempo.

Certo dia o inverno chegou, e a cigarra começou a tiritar de frio. Sentia seu corpo gelado e não tinha o que comer. Desesperada, foi bater na casa da formiga. Ao abrir a porta, a formiga viu na sua frente a cigarra quase morta de frio.

Puxou-a para dentro, agasalhou-a e deu-lhe uma sopa bem quente e deliciosa. Nesse momento, apareceu a rainha das formigas, que disse à cigarra:

— No mundo das formigas, todos trabalham. Se você quiser ficar conosco, cumpra seu dever: toque e cante para nós.

Para a cigarra e para as formigas, aquele foi o inverno mais feliz de suas vidas.

Enquanto meu avô contava a história, eu estava atento o tempo todo. Ele ilustrou a historinha com fatos reais: me levou ao pátio da casa para mostrar a organização, o esforço e a disciplina das formigas, que, apesar do forte sol, estavam trabalhando, pois sabiam que o inverno seria rigoroso. Ouvi também o cantar das cigarras, e assim por diante. O cenário foi todo montado.

Lembro de ficar admirado e surpreso por conhecer o dia a dia das formigas e das cigarras. Ele conduziu tão bem o processo que me sensibilizei com as formigas e, ao mesmo tempo, fiquei com vontade de alertar as cigarras para os "problemas" que viriam pela frente; afinal, eu sabia que o inverno era rigoroso no sul do país.

Ao concluir a história, voltando para o escritório, entre um comentário e outro perguntou-me:

— Leandro, se você fosse escolher ao longo da sua vida ser cigarra ou formiga, o que escolheria?

Por alguns minutos fiquei pensando... Afinal, na minha concepção, a vida da formiga me pareceu mais digna, mais segura, com maior sucesso, porém, ficou claro que teria que me esforçar mais, mas que valeria a pena no futuro. E quem não gostaria de ser cigarra? Agradava-me a ideia de ficar descontraído, tranquilo, mas me assustava a hipótese de ficar sem nada, sem casa, sem comida e passando frio. Portanto, respondi para ele:

— Vô, eu gostaria de ser formiga!

E ele perguntou:

— Mas em nenhum momento você quis ser cigarra?

Eu lhe respondi que sim, mas que se tivesse de escolher, escolheria ser formiga. Diante da minha resposta, ele sabiamente complementou da seguinte maneira:

— Na vida real, a gente não precisa ser somente formiga ou somente cigarra. Há momentos em que precisamos ser formiga e há momentos em que podemos ser cigarra. Basta sabermos a hora certa de ser formiga e a hora certa de ser cigarra! Quando você prefere ser cigarra? Na primeira metade ou na segunda metade da sua vida? — completou ele.

Respondi:

— Na segunda metade.

— Então será necessário ser formiga na primeira metade, disse ele.

Neste momento, ele retirou da gaveta da mesa do escritório um belo cofre azul, estrategicamente da cor do Grêmio e no formato de uma formiga. E disse o seguinte:

— Então, a partir de agora, você começará a ser formiga. Para isso, você tem que estudar bastante, para poder arrumar um bom trabalho e ser alguém na vida, depois vai trabalhar muito, assim como as formigas trabalham. Vai ganhando seu dinheiro. Nunca gaste tudo, sempre guarde um pouco e vai construindo teu formigueiro até poder virar cigarra. Este cofre vai ser o início de tudo! Sempre que sobrar uma moeda do troco do picolé, da bala, do sorvete, coloque-a no cofre, pois, quando ele tiver cheinho, abriremos uma caderneta de poupança no seu nome no banco, vamos guardar todas essas moedas. Lá será seu formigueiro! Com o passar do tempo, iremos encher muitos outros cofres, até que seu formigueiro fique totalmente pronto. Depende de você! Quanto mais trabalhador, mais organizado e mais disciplinado você for, mais rápido seu formigueiro estará pronto.

Educação financeira é muito mais que anotar gastos. É, em essência, parte de um estilo de vida. Trata-se de criar e desenvolver uma mentalidade adequada e saudável em relação ao dinheiro, exige uma perspectiva de longo prazo, treino e disicplina. As pessoas bem-educadas financeiramente são aquelas que sabem como ganhar, como gastar e como poupar dinheiro.

O mais interessante é que não precisa ser uma educação formal e sofisticada, cheia de técnicas e conceitos. Não há necessidade de teoria avançada, nem deduções de fórmulas. São princípios simples, mas que formam a base de atitudes internas que contribuem para a administração racional dos recursos pessoais. Afinal, um dia na vida, todo mundo vai ter algum dinheiro para administrar, não importa que seja muito ou pouco. A diferença está no que ele representa para você e sua família.

CAPÍTULO 2

QUER TESTAR SUA INTELIGÊNCIA FINANCEIRA?

Quem não administra tostão nunca chega a milhão.

Inteligência financeira é a capacidade de administrar de maneira racional e inteligente recursos econômicos e financeiros, de forma que o dinheiro e o patrimônio trabalhem a seu favor.

É muito comum encontrarmos executivos com altos salários envolvidos em emaranhados de dívidas e preocupados com o futuro. Ou pessoas que ganham uma boa fortuna na loteria e alguns meses depois estão sem nada; pessoas que são demitidas após décadas de trabalho e não conseguem subsistir por mais de algumas poucas semanas; idosos que, em vez de estarem gozando da justa aposentadoria, voltam ao mercado de trabalho por alguns trocados para complementar o mísero benefício da previdência social.

A cada dia encontramos mais pessoas endividadas e que não conseguem chegar ao fim do mês com a renda que auferem. Pessoas que pagam juros exorbitantes a terceiros ou a financeiras porque tomaram decisões equivocadas (e continuam tomando) e perderam o controle.

Isso tudo é consequência da falta de inteligência financeira.

Problemas financeiros afetam a vida das pessoas e isso se reflete na produtividade no trabalho, em sua vida afetiva e na relação com outras pessoas. Já uma situação financeira saudável é motivadora. As pessoas ficam alegres, têm facilidade para entender e atender metas e objetivos da empresa, são mais engajadas e comprometidas. Tratam com mais cortesia clientes e colegas. Na esfera pessoal, são mais amigas e companheiras, mais pacientes com os familiares e engajadas em atividades sociais. Enfrentam obstáculos com otimismo e serenidade, não ficam reclamando da vida. Enfim, são mais felizes.

A boa notícia é que qualquer pessoa pode desenvolver sua *inteligência financeira.*

Saber analisar como está seu orçamento mensal, seus investimentos, seu patrimíonio e ter objetivos definidos são características de quem tem a inteligência financeira desenvolvida, ou seja, sabe lidar com as finanças. E, portanto, possui condições para ter uma situação cada vez melhor. Caso contrário, descobrir seu quociente financeiro pode ser o primeiro passo para o desenvolvimento.

Respondendo o teste a seguir e somando os pontos relativos a cada alternativa, é possível fazer um diagnóstico de seu quociente financeiro e descobrir o que fazer para melhorá-lo. O teste foi elaborado pela socióloga Glória Garcia Pereira.

Autoavaliação – Teste sua inteligência financeira[1]

O teste a seguir avalia a forma como você lida com seu dinheiro e o ajuda a saber se está no caminho certo para fazer seu capital crescer. Saber analisar como estão seu orçamento mensal, seus investimentos e seu patrimônio e ter objetivos definidos são características de quem tem um alto quociente financeiro, de quem sabe lidar com suas finanças, afirma Glória Pereira. Respondendo o teste e somando os pontos relativos a cada alternativa, você terá um diagnóstico de sua inteligência financeira e do que fazer para melhorá-la.

1. Nos últimos cinco anos, você diria que seu patrimônio aumentou, diminuiu ou permaneceu na mesma?

a) Meu patrimônio aumentou.

b) Meu patrimônio diminuiu.

c) Meu patrimônio ficou na mesma.

2. Neste ano, o que você acha que vai acontecer com seu patrimônio?

a) Acho que meu patrimônio vai aumentar.

b) Acho que meu patrimônio vai diminuir.

c) Acho que meu patrimônio vai ficar na mesma.

3. Considerando a política brasileira atual, você acredita que nos próximos cinco anos seu patrimônio vai aumentar, diminuir ou ficar na mesma?

a) Acredito que vai aumentar.

b) Acredito que vai diminuir.

c) Acredito que vai ficar na mesma.

4. Diante do noticiário econômico, seja de TV, rádio, jornais, revistas, internet, você:

a) Fica irritado com as notícias.

b) Não presta atenção ao noticiário econômico.

c) Informa-se, para estar atualizado e conversa para tomar decisões pessoais.

d) Informa-se para tomar decisões pessoais.

5. Neste ano, você leu algum livro de finanças pessoais ou de educação financeira?

a) Nenhum livro, não me interesso.

b) Sei tudo, não preciso ler.

c) Li um livro.

d) Li dois livros ou mais.

6. Você costuma conversar sobre aplicações financeiras e investimentos em família e/ou na roda de amigos?

a) Converso com frequência.

b) Raramente converso sobre finanças.

c) Nunca conversei sobre esse tema em família ou com amigos.

1 Adaptado de Sohster, Carlos von. *Como cuidar bem do seu dinheiro.*

7. A maioria dos seus familiares e amigos é do mesmo nível socioeconômico que você, de nível inferior ao seu ou superior ao seu?

a) Superior.

b) Mesmo nível.

c) Inferior.

8. Antes de começar o mês, você faz um planejamento financeiro que inclua uma previsão dos seus gastos, das suas receitas e dos seus investimentos?

a) Nunca faço planejamento financeiro antes de começar o mês.

b) Faço planejamento, mas anoto só os meus gastos.

c) Faço planejamento, anoto os meus gastos e guardo tudo o que sobra.

d) Faço planejamento dos gastos e aplicações financeiras, para poder comprar o que quiser no futuro.

e) Faço planejamento dos gastos, aplicações para comprar o que quiser no futuro e outros investimentos para aumentar meu capital.

9. Você está satisfeito com suas receitas financeiras atuais (ganhos), incluindo todas as fontes?

a) Muito satisfeito.

b) Satisfeito.

c) Mais ou menos satisfeito.

d) Insatisfeito.

e) Muito insatisfeito.

10. Quantas fontes de receitas financeiras você tem atualmente?

a) Uma única fonte (ex.: salário, honorários, pensão, aposentadoria, mesada etc.).

b) Duas ou mais fontes, todas provenientes diretamente do trabalho.

c) Duas ou mais fontes diversificadas (ex.: salário e honorários, comissões e receitas de investimentos, salário e receita de aluguel etc.).

d) Nenhuma fonte.

11. Neste ano, quais investimentos você fez? Indique todos os tipos realizados:

a) Conservadores, como poupança e fundos de investimento de renda fixa.

b) Moderados, como fundos mistos de renda fixa e renda variável.

c) Arrojados, como ações, fundos de ações, dólar, fundos cambiais.

d) Neste ano não fiz nenhum tipo de investimento.

12. Você faz investimento em algum tipo de negócio próprio?

a) Sim.

b) Não.

13. Quais dos seguintes sonhos você pretende realizar nos próximos dois anos?

a) Automóvel.

b) Imóvel.

c) Negócio próprio (criação ou expansão).

d) Viagem ao exterior.

e) Barco, veleiro ou iate.
f) Outros.
g) Não tenho nenhum sonho.

14. Considerando apenas o dinheiro que você tem investido, sem a entrada de novas receitas, por quanto tempo você conseguiria viver com suas reservas?

a) Nem 1 mês.
b) De 1 a 6 meses.
c) De 7 a 12 meses.
d) Mais de 1 ano.
e) Para o resto da vida.

15. Quem você costuma consultar para decidir sobre aplicações financeiras? Marque todas as opções utilizadas:

a) Consultor financeiro independente.
b) Gerente da conta bancária.
c) Amigos e familiares.
d) Internet e publicações especializadas.
e) Ninguém.

16. Você se sente preparado para usar cartões de crédito e cheques pré-datados sem perder o controle das suas finanças?

a) Uso cartões de crédito e pré-datados sem problemas, como facilidade de pagamentos.
b) Acho que minhas dívidas são consequência das facilidades de crédito: cartões e cheques.
c) Não uso cheques e cartões de crédito: pago tudo à vista.
d) Destruí todos os meus cartões de crédito e talões de cheques.

17. Como é seu relacionamento com suas dívidas?

a) Minhas dívidas fazem parte do meu planejamento financeiro; portanto, terei como pagá-las quando vencerem.
b) Não tenho dívidas: compro somente à vista.
c) Sinto que minhas dívidas estão crescendo, e isso começa a me preocupar.
d) Não durmo direito por causa das minhas dívidas.

18. No seu planejamento do orçamento mensal, você reserva uma quantia para fazer doações para alguma instituição científica, educacional, artística, ambiental, de caridade ou outra?

a) Sim.
b) Não.

19. No seu planejamento do orçamento mensal, você reserva uma parte para pagar imposto de renda?

a) Sim.
b) Não.

20. Quando você pensa no seu planejamento do orçamento mensal, o que sente?

a) Prazer.

b) Angústia, preocupação.

c) Irritação, fico nervoso.

d) Não sinto nada.

21. Você acredita que seja possível melhorar a forma como cuida de suas finanças?

a) Sim, estou sempre procurando melhorar a maneira como lido com o dinheiro.

b) Acho que não há o que melhorar.

c) Não gosto de pensar no assunto.

GABARITO

Veja a seguir a pontuação de cada resposta. Some o total e leia seu diagnóstico.

	a	b	c	d	e	f	g
1	10	1	3				
2	10	1	3				
3	10	1	3				
4	1	1	10	20			
5	1	1	10	20			
6	10	3	1				
7	10	3	1				
8	1	3	10	20	30		
9	20	10	3	2	1		
10	3	10	20	1			
11	10	10	10	1			
12	10	1					
13	10	10	10	10	10	10	1
14	1	10	20	30	40		
15	20	10	10	10	1		
16	20	1	10	1			
17	20	10	1	1			
18	10	1					
19	10	1					
20	10	1	1	1			
21	20	3	1				
TOTAL DE PONTOS:							

DIAGNÓSTICO DO SEU QUOCIENTE FINANCEIRO

De 300 a 440 pontos. Parabéns! Você faz parte de uma seleta minoria que tem controle sobre a sua vida financeira, que gosta de se manter bem informado, que se preocupa em ter uma reserva, em investir para realizar seus sonhos e para que seu patrimônio cresça.

De 200 a 299 pontos. Bom. Você está no caminho, mas talvez não esteja completamente a par de sua situação financeira e ainda não tenha conseguido fazer um verdadeiro controle de seu orçamento. Analise quais são suas deficiências, veja onde sua pontuação foi menor. Com algumas correções no percurso, seu capital pode começar a crescer ou crescer num ritmo maior do que o atual.

De 100 a 199 pontos. Há vários aspectos a melhorar. Você sabe que tem problemas, mas não sabe muito bem como resolvê-los. Seria de grande utilidade você se educar financeiramente, por meio de leituras especializadas e conversando com quem entende do assunto. É hora de organizar melhor suas finanças. Definir seus objetivos é o primeiro passo para alcançá-los. Sempre é tempo.

Abaixo de 100 pontos. Atenção. Você provavelmente tem sérias dificuldades para lidar com dinheiro. Não tem planejamento e vive correndo atrás do prejuízo, ganha para pagar contas ou — o que é pior — para pagar dívidas. Então, respire fundo e acredite que, se você quiser, toda sua vida poderá ser diferente. Tome as rédeas da situação. Talvez seja hora de fazer mudanças radicais na forma como você ganha e gasta seu dinheiro.

CAPÍTULO 3

PLANEJANDO SUA VIDA FINANCEIRA

Planejamento financeiro
é o processo de gerenciar
os recursos com objetivo
de atingir satisfação pessoal,
obter independência financeira
e conquistar sonhos.

VOCÊ SABE ONDE QUER CHEGAR?

Podemos definir planejamento financeiro pessoal como o desenvolvimento e a implementação de um plano total, coordenado, para se chegar à condição financeira desejada. O elemento essencial desse conceito é a elaboração de um plano que atenda a todas as necessidades financeiras de uma pessoa, buscando atingir os objetivos financeiros totais. Jurandir Sell Macedo Jr., em seu livro *A árvore do dinheiro*, resume planejamento financeiro como o processo de gerenciar seu dinheiro a fim de atingir satisfação pessoal. Segundo ele, o planejamento permite que você controle sua situação financeira para atender necessidades e alcançar objetivos no decorrer da vida. Portanto, inclui programação de orçamento, racionalização de gastos e otimização de investimentos.

O primeiro passo para a construção de uma vida tranquila financeiramente é conhecer sua situação financeira atual. Você gasta tudo o que recebe? Está endividado no cheque especial, cartão de crédito, empréstimos etc.? Tem a sensação de nunca ter dinheiro suficiente para tudo o que quer? Gostaria de poupar para conseguir o que deseja? Você tem ideia de quanto ganhou de dinheiro o ano passado ou da taxa de crescimento do seu patrimônio do ano retrasado para o ano passado, ou do ano passado para este ano? Tem organizado suas finanças? Quem não sabe quanto gasta, não controla suas dívidas ou não tem a noção de sua evolução patrimonial, vai ter grandes dificuldades para atingir o equilíbrio de suas finanças pessoais. No livro *Os segredos da mente milionária*, T. Harv Eker salienta que as pessoas ricas encaram dinheiro como solução, e as pessoas pobres, como problema.

O planejamento financeiro não visa apenas ao sucesso material, mas também ao pessoal e ao profissional. Se você for organizado com suas finanças e fizer reservas, poderá trabalhar também por prazer e não somente por necessidade. Com o planejamento, você passa a gastar de acordo com suas possibilidades e pode começar a poupar também.

Mas de nada adianta planejar, se você não sabe aonde quer chegar. Se não há meta, não há razão alguma de se ter planejamento.

Você sabe aonde quer chegar? Sabe qual seu objetivo financeiro? Tem ideia de quanto gostaria de estar ganhando daqui a cinco anos? Dez anos? Vinte anos?

De imediato, é fundamental definir seus objetivos financeiros. O que se está pretendendo? Pretende adquirir seu imóvel próprio, seu automóvel, com que idade? Quer montar seu negócio próprio? Quer atingir sua liberdade financeira quando?

Em que fase da sua vida você está?

A vida financeira de cada indivíduo pode ser dividida em fases, nas quais as necessidades e os objetivos são diferentes, mudando gradualmente ao longo do tempo.

Um exemplo é o padrão de receitas e despesas. Existem fases em nossa vida, por exemplo, quando as despesas aumentam bastante: quem tem filhos sabe exatamente o que isso significa para o orçamento. Também as receitas variam, pois saímos de uma situação de salários mais baixos no início da carreira para uma situação muito melhor na meia-idade, quando a maioria atinge seu apogeu profissional.

No entanto, não somente as receitas e as despesas mudam ao longo do tempo. Também a necessidade de poupança vai se alterando, permitindo que alguns períodos de nossas vidas possam ser ideais para acumulação de uma reserva financeira. Outros, por sua vez, são aqueles nos quais precisamos usar recursos poupados anteriormente para manter nosso padrão de vida.

SEGMENTANDO AS RECEITAS

Vale a pena analisar inicialmente o ciclo de receitas, buscando dividi-las em dois grupos: receitas de trabalho e outras receitas. As receitas de trabalho são aquelas obtidas de atividade profissional, incluindo salário, benefícios, 13º salário, bônus e outros.

As outras receitas surgem como resultado da posse de ativos, sejam eles financeiros ou não. Como exemplos, aparecem juros de investimentos em renda fixa, dividendos em aplicações em ações, aluguéis de imóveis residenciais ou comerciais e qualquer outra receita que seja derivada de algum ativo.

CICLO DAS RECEITAS

De forma geral, a partir do momento em que as pessoas deixam de depender de seus pais, ou seja, atingem um grau de independência financeira, as receitas de trabalho são as mais importantes. O raciocínio é simples: você ainda não conseguiu construir um patrimônio que gere renda.

Essa renda de trabalho tende a aumentar ao longo do tempo até o momento da aposentadoria, refletindo o crescimento profissional. Portanto, é uma curva crescente até o final da carreira profissional, quando cai de forma significativa para um nível mais baixo, que corresponde ao recebimento dos benefícios de aposentadoria.

Já o crescimento das outras receitas varia bastante. Em geral, as pessoas começam acumular patrimônio a partir dos 30 anos, o que acaba gerando mais recursos que, adicionados às receitas do trabalho, correspondem às receitas totais. O ideal é que as outras receitas cresçam ao longo do tempo, evidenciando um crescimento do patrimônio.

O gráfico a seguir ilustra melhor o ciclo de receitas.

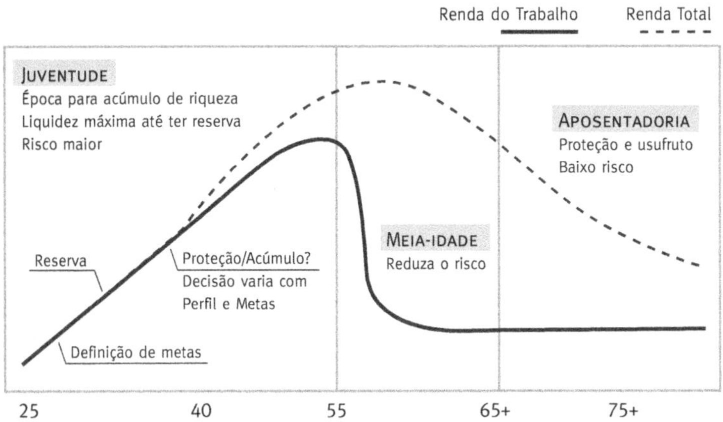

Gráfico 3.1: Ciclo das receitas | *Fonte:* Guia InfoMoney – www.infomoney.com.br

CICLO DAS DESPESAS

As despesas, por sua vez, têm um ciclo mais previsível. Elas tendem a crescer rapidamente a partir dos 25 anos, atingindo um patamar mais elevado na meia-idade, quando se combinam um padrão de vida mais elevado com a manutenção das despesas com filhos.

Uma queda mais significativa é verificada somente quando ocorre a independência econômica dos filhos. Isso não significa, porém, que o nível de despesas volte aos níveis registrados anteriormente, uma vez que as pessoas adquirem um padrão de vida mais elevado e não querem reduzi-lo antes da aposentadoria.

COMPARANDO OS CICLOS

Analisando em detalhe o gráfico anterior, percebe-se que a renda após a aposentadoria pode ser bem diferente de pessoa para pessoa, dependendo principalmente de uma variável: as outras receitas. Considerando que outras receitas aparecem como consequência direta do patrimônio acumulado, quem não conseguiu poupar pode estar em situação complicada.

Quem não acumulou patrimônio terá poucas receitas extras, em geral dependerá dos benefícios da aposentadoria para viver. Por sua vez, quem conseguiu acumular patrimônio pode complementar sua renda mensal com juros, aluguéis, dividendos ou outros. Ter ou não uma reserva faz toda a diferença no momento em que as receitas de trabalho caírem, ou seja, na aposentadoria.

Sem patrimônio, a renda que você receberá na aposentadoria é que determinará o quanto poderá gastar: é fácil entender por que é fundamental construir uma reserva. Quem conseguir compensar a perda de receitas de trabalho por outras receitas irá conseguir manter seu padrão de vida. Quem não conseguir terá duas opções: ter uma forte queda no padrão de vida ou adiar a aposentadoria, buscando renda para manter o padrão de vida.

COMECE ENQUANTO AINDA É TEMPO

Analisar de perto o ciclo financeiro da vida pode trazer várias lições. A principal delas é, a não ser que você queira passar a terceira idade trabalhando ou dependendo de favores dos outros, a necessidade fundamental de criar uma reserva, ou seja, acumular um patrimônio que gere renda no futuro. Isso somente é possível por meio da poupança.

Pouca gente percebe, mas a expectativa média de vida das pessoas tem aumentado de forma significativa nas últimas décadas. A expectativa média de sobrevida de um homem de 35 anos no Brasil, segundo dados do IBGE de 2004, era de 38,4 anos, ou seja, na média, a expectativa é que os homens desta idade alcancem 73,4 anos. Para as mulheres na mesma faixa etária, a expectativa é maior: 44,7 anos de sobrevida, ou 79,7 anos de idade.

Os números, portanto, mostram que você deverá viver bastante. Porém, para que as últimas décadas de sua vida não sejam marcadas por dificuldades, você deve começar a se preparar o mais rapidamente possível. Poupar e construir uma reserva financeira não é um luxo ou capricho, mas a única garantia para manter um bom padrão de vida no futuro.

CICLO DA VIDA FINANCEIRA

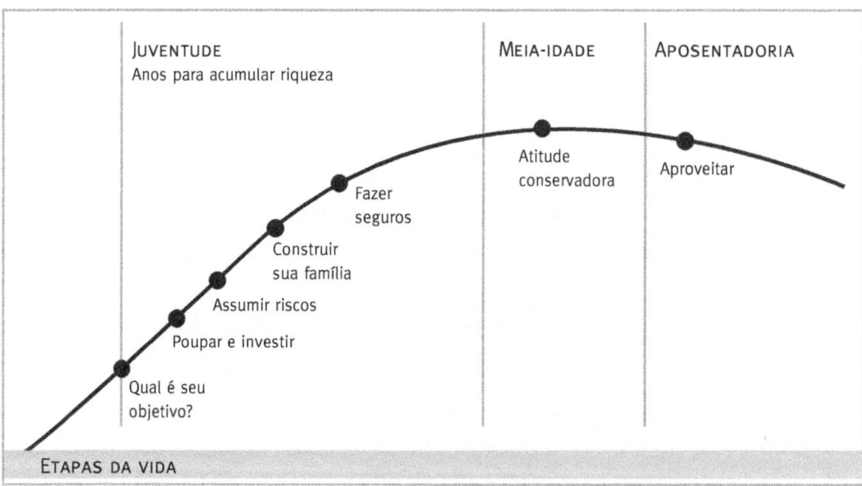

Gráfico 3.2: Ciclo da vida financeira | *Fonte:* Adaptado de *Investimentos*, Mauro Halfed

O Gráfico 3.2 exibe o ciclo da vida financeira ideal para as pessoas bem-educadas financeiramente. Na primeira fase, a de acumulação, tem-se juventude, energia e tempo para acumular riqueza. Nesse período as pessoas devem definir seus objetivos, poupar disciplinadamente, assumir conscientemente riscos e não esquecer de fazer seguros de vida e de saúde. Na segunda fase, de rentabilização, as pessoas devem adotar uma atitude mais conservadora, evitando correr riscos, pois não há tanto tempo para se recuperar de uma eventual perda nos investimentos. Por fim, na fase seguinte, a de preservação e utilização dos recursos, as pessoas que obtiveram êxito nas fases anteriores podem usufruir tranquilamente da renda oriunda dos recursos acumulados ao longo da vida, como forma de aposentadoria. Note que não há limite de idade para as etapas da vida, pois cada indivíduo deve planejar, conforme suas receitas, expectativas e metas em qual idade irá concluir uma fase e ingressar em outra. Um jogador de futebol, por exemplo, iniciará a fase de acumulação bem mais cedo do que um médico, pois começa a receber o salário, oriundo de sua atividade, muito mais cedo. Contudo, a carreira de um médico, geralmente, é mais longa.

Enfim, planejamento financeiro é um processo racional de administrar sua renda, seus investimentos, suas despesas, seu patrimônio e suas dívidas, objetivando tornar realidade seus sonhos, desejos e metas, como: comprar a casa própria, poupar para a educação dos filhos, fazer a viagem dos sonhos, investir de acordo com o perfil pessoal, ser bem-sucedido na carreira profissional, tornar-se empresário, aposentar-se confortavelmente, planejar e administrar testamento ou partilha etc.

A maioria das pessoas trata suas finanças "procurando gastar menos do que ganha". Este é apenas um dos itens a serem observados no planejamento, conforme veremos a seguir. É necessário, entre outros aspectos, estabelecer objetivos, sem os quais a pessoa age como um barco sem rumo.

A vida produtiva tem várias fases, conforme vimos no ciclo financeiro, cada uma das quais apresenta seus desafios. Por meio do planejamento é possível identificar as oportunidades e dificuldades de cada fase e definir, antecipadamente, estratégias para enfrentar cada situação.

O gerenciamento adequado das finanças é o diferencial entre sonhadores e realizadores. Não basta ganhar dinheiro se não soubermos acumular riqueza.

Além dos sonhos e objetivos, ao longo da vida outros eventos poderão originar a necessidade do planejamento financeiro, como:

- amparo a parentes ou carentes;
- compra ou venda de negócios de família;
- crise financeira;
- herança ou repartição de bens;
- mudanças na carreira profissional;
- planejamento para filhos (nascimento, adoção, educação);

- planejamento para aposentadoria, preparação para casamento, separação;
- recebimento de grande soma de dinheiro ou inesperada queda financeira.

Cabe aqui salientar que o planejamento das finanças não visa apenas ao sucesso financeiro; ele é relevante para o sucesso pessoal e profissional. Será o mapa de navegação. Mostrará onde você está, aonde quer chegar e lhe indicará os caminhos a percorrer.

CAPÍTULO 4
ENTENDENDO SUA RENDA

Os ricos não trabalham
pelo dinheiro; fazem
o dinheiro trabalhar para eles.

Robert T. Kiyosaki

DE ONDE VEM SEU DINHEIRO?

É importante saber de onde vem e para onde vai o dinheiro que recebemos. Para isso, deve-se inicialmente classificar os recursos, a renda, do ponto de vista da origem. O que é renda direta e indireta? Robert Kiyosaki e Sharon Lechter apresentam um resumo sobre a origem dos ganhos das pessoas, afirmando que qualquer que seja o trabalho exercido este pode ser inserido em uma das seguintes categorias:

- os empregados recebem salário;
- os profissionais liberais ou autônomos recebem honorários pelo serviço prestado;
- os empresários recebem participação nos lucros de sua empresa;
- os investidores remuneram seu capital e recebem um prêmio pelo risco, que são os juros oriundos de aplicações financeiras, aluguéis de imóveis, dividendos de ações, entre outros.

Kiyosaki e Lechter propõem a união das duas primeiras categorias, formando o grupo 1, e o agrupamento das duas últimas, compondo o grupo 2. Dessa forma, no grupo 1 estariam as pessoas cuja renda depende do trabalho individual e, no grupo 2, as pessoas cuja renda vem da posse de ativos bons, aqueles que geram dinheiro.

GRUPO 1	GRUPO 2
EMPREGADO (E)	DONO DA EMPRESA (DE)
AUTÔNOMO (A)	INVESTIDOR (I)

Figura 4.1 – Classificação da renda | *Fonte:* Prof. José Pio Martins, *Educação financeira*

Se você pertence ao primeiro grupo, sua renda depende exclusivamente do seu trabalho pessoal, ou seja, você trabalha pelo dinheiro e seu fluxo de receita depende de você estar sempre trabalhando. Sua renda é direta e depende que você tenha disposição, saúde e qualificação; depende que existam clientes para os seus serviços e que estes sejam melhores que o dos concorrentes. Enfim, seu ganho depende de você. Se você parar, não terá receita.

No entanto, se você está no grupo 2, mesmo que esteja parado estará recebendo dinheiro. Você pode viajar, ficar doente e até mesmo se aposentar, pois terá fluxo de entrada de dinheiro permanentemente em seu caixa. Se você é um empresário, evidentemente, precisa de competência gerencial e de pessoas qualificadas trabalhando para você e fazer a empresa produzir lucro constante independentemente de quantas horas você trabalha. Se você é um investidor, significa que possui ativos que geram dinheiro para seu caixa, ou seja, o dinheiro trabalha para você regularmente, independentemente de onde esteja ou de sua capacidade de trabalho. Portanto, quem pertence ao segundo grupo pode desfrutar de três importantes recursos para uma vida tranquila: tempo, dinheiro e liberdade.

Em nossas vidas, buscamos crescimento pessoal, profissional e patrimonial. Ninguém nasce, cresce e se estabiliza. Temos metas pessoais. Estamos constantemente buscando nosso crescimento como ser humano, nossa maturidade. Buscamos melhorar nossa condição de vida financeira. Enfim, necessitamos de renda para sobreviver, cumprir nossos compromissos, e contamos com ela para aumentar nosso patrimônio, nossa riqueza. Conheço muitas pessoas que ganham muito dinheiro, têm extrema dificuldade de poupar e consequentemente não conseguem aumentar sua riqueza, fazer seu pé de meia, aumentar seu patrimônio. Em compensação, conheço outras que ganham muito menos, mas que têm boa capacidade de poupança e têm conseguido aumentar expressivamente seu patrimônio ao longo dos anos. O que diferencia uma das outras? Será que é por que umas são formigas e outras são cigarras? Por que as pessoas não conseguem poupar?

Na realidade, o ato de poupar representa renunciar a um consumo imediato na esperança de um consumo melhor no futuro. A isso está associado também o claro discernimento entre os verbos desejar e necessitar. Na sociedade consumista, o verbo desejar prevalece ao necessitar. Isso faz com que as pessoas gastem mais do que recebem. Eis um dos motivos que impedem a capacidade de poupança.

Por que as pessoas não conseguem poupar?

1) Porque gastam mais do que ganham

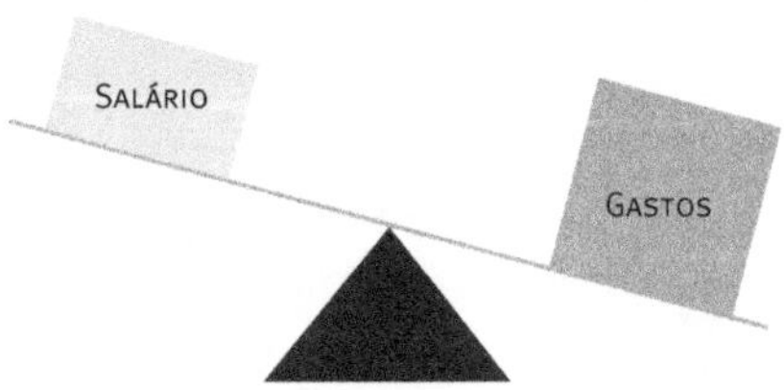

Figura 4.2

Quando este for o motivo, há duas maneiras de solucioná-lo: uma delas é procurar reduzir os gastos, conforme veremos mais adiante; a outra é aumentar a receita. Talvez seja necessário buscar receita em outra categoria ou em outro grupo. Se for somente um empregado, quem sabe possa realizar algum tipo de trabalho em uma atividade que você seja hábil, em horários alternativos ou fins de semana. Ou, quem sabe, chegou a hora de abrir seu próprio negócio. Já pensou em ser empregado, profissional liberal, dono de empresa e investidor ao mesmo tempo? Isso é possível! Diversificar as receitas é também uma maneira de se proteger financeiramente. Se perder uma fonte de renda, terá as outras.

2) Porque investem mal o dinheiro

Outro motivo que leva à incapacidade de poupança é o direcionamento incorreto dos recursos financeiros, ou seja, as pessoas investem mal o dinheiro. Conseguem administrar o fluxo da receita com os gastos, porém adquirem "ativos ruins". Sob a ótica financeira, investimentos bons são aqueles que geram receitas para seu bolso, como aplicações financeiras, aluguéis, dividendos, venda com valorização etc., e os ativos ruins são aqueles que geram despesas para seu orçamento, ou seja, retiram dinheiro do seu bolso.

Nesse caso, podemos enquadrar desde a compra de um carro, passando por uma casa na praia, um sítio etc. São investimentos que financeiramente reduzem a capacidade de poupança, porém lhe proporcionam conforto. Ter conforto e bem-estar é imprescindível, afinal, trabalha-se também para isso. Que graça teria a vida se vivêssemos somente para trabalhar e poupar? O que é importante em um planejamento financeiro é saber quanto custa esse conforto e se ele está previsto no orçamento ou não.

Outra justificativa para não acumular riqueza é a de que se ganha muito pouco. Muitos afirmam que não é fácil ganhar dinheiro no Brasil. Na minha visão, ganhar dinheiro é fácil, quase todos ganham. Difícil é saber multiplicá-lo.

Veremos mais adiante que não é necessário ganhar muito dinheiro para atingirmos nossa liberdade financeira. Com poucos recursos, mas com bom planejamento e muita disciplina, é possível acumular riqueza.

Porém, quem não estabelece metas, sonhos e prioridades acaba absorvido pelo dia a dia atribulado e pela pressão da necessidade de lutar a fim de ganhar o sustento para si e sua família. Acaba sendo movido por motivos momentâneos, ocasionados por inspirações repentinas, deixando de considerar seus verdadeiros objetivos de vida.

Gastar menos do que se ganha é um dos aspectos do planejamento. Planejar pressupõe estabelecer objetivos, pois, para quem não tem um destino, qualquer caminho serve. É necessário saber aonde se quer chegar. Guardar dinheiro pela simples razão de apenas guardar dinheiro não é motivo suficiente e motivador para desenvolver o hábito de economizar e poupar. É importante ter em mente que, ao economizar, o dinheiro não está indo para o espaço nem para a lata de lixo. Ele continua a existir e será destinado a conquistas maiores no futuro.

CAPÍTULO 5

COMO ESTÁ SUA SAÚDE FINANCEIRA?

> *Quem não mede, não gerencia.*
>
> Vicente Falconi

Você ganhou ou perdeu dinheiro no ano passado? Quanto?
Qual a taxa média de crescimento
de seu patrimônio nos últimos cinco anos?
Suas dívidas de longo prazo aumentaram ou diminuíram?
Em que percentual?

Para quem quer uma vida financeira saudável, o primeiro passo é conhecer sua situação atual. Quem não sabe quanto gasta, não controla suas dívidas ou não tem noção de sua evolução patrimonial vai ter grandes dificuldades para atingir o equilíbrio de suas finanças, o que é fundamental para uma vida de boa qualidade, em que o dinheiro é solução, e não problema.

Carlos von Sohsten, no livro *Como cuidar bem do seu dinheiro*, indica os principais pontos a serem levantados para quem quer conhecer sua vida financeira pessoal:

■ Inicialmente buscar a avaliação real dos bens, mesmo que se trate de uma estimativa. Classificados de jornal, internet ou tabelas publicadas por revistas especializadas são úteis para a avaliação de automóveis e imóveis. Ajudará no cálculo da evolução patrimonial. É importante para a conquista da liberdade financeira que ao longo dos anos haja crescimento patrimonial.

■ Apurar todas as dívidas é um procedimento fundamental para aqueles que ainda estão dependendo de dinheiro de terceiros e pagando juros por isso. Geralmente, os juros pagos nas dívidas são sempre mais altos do que os resultantes das aplicações financeiras.

■ Avaliar o orçamento mensal das receitas e despesas. É preciso conhecer quanto sobra ou quanto falta no fim do mês. A estratégia a ser definida em seu planejamento dependerá essencialmente dessa informação: se estiver sobrando, você tomará decisões de investimento e poupança; se estiver faltando, as decisões prioritárias serão de cortes de despesas, controle de dívidas e/ou aumento de receitas.

Para levantar os dados que indicarão como está sua saúde financeira, é necessário entender alguns conceitos econômicos que são fundamentais para a compreensão dos fenômenos financeiros. São muito simples e deveriam ser abordados, no mínimo, no currículo básico de todos os cursos universitários. Dois deles são os conceitos de estoque e fluxo. O professor José Pio Martins, na obra *Educação financeira ao alcance de todos*, utiliza uma analogia interessante que facilita muito a compreensão.

Ele define estoque como sinônimo de existência. Se você fotografar uma caixa d'água, constatará a existência de certa quantidade de litros de água. Portanto, estoque é algo que existe em determinado momento, por isso é uma variável estática.

O estoque na caixa d'água diz apenas quanta água entrou na caixa e quanta saiu dela durante o dia. Se colocar um medidor na torneira de entrada e outro na torneira de saída, você pode, ao fim do dia, identificar a quantidade de água que entrou e a quantidade que saiu. Este é o conceito de fluxo.

Fluxo é, por definição, movimento de entrada e saída. Fluxo é uma variável dinâmica. Se você quiser saber qual o consumo de água durante o mês, precisa conhecer a quantidade de água que passou pela caixa, o que requer conhecer quanta água entrou e quanta saiu. As fotografias mostrando os estoques de água na caixa em várias datas nada dizem sobre as entradas e as saídas.

A lista dos bens e direitos que constam em sua declaração anual de Imposto de Renda não informa quanto você ganhou nem quanto gastou naquele ano. Seu patrimônio (a lista de bens) é um conceito de estoque. Sua renda e sua despesa do ano são um conceito de fluxo.

Da mesma forma, o balanço de uma empresa mostra apenas o estoque de ativos e o estoque de passivos, mas não mostra quanto ela fez em vendas nem quanto pagou de despesas no ano; o balanço nada informa sobre receitas e sobre custos da companhia. Por quê? Simplesmente porque o balanço é uma demonstração de estoque e, para saber sobre rendas e gastos, você precisa de uma demonstração de fluxo. Você precisa de uma demonstração que informe as receitas e as despesas do período.

Portanto, o que garante sobrevivência é o fluxo de caixa. O fluxo é simplesmente um conceito para mostrar movimento de entrada e saída de alguma coisa em determinado período, seja o movimento de entrada e saída de água da caixa, seja o movimento de rendimentos e gastos de uma família.

CONSTRUINDO SEU BALANÇO PATRIMONIAL PESSOAL

Quando você faz sua declaração anual paro o Imposto de Renda, relaciona seus bens; ali consta o estoque de bens e direitos que você possui no último dia do ano. Quando se olha o balanço patrimonial de uma empresa, a coluna dos ativos mostra os bens e direitos que ela possui na data do balanço. Ali está o estoque de bens e direitos da empresa. A coluna do passivo mostra as obrigações e as dívidas da empresa na data do balanço; este passivo é o estoque de dívidas a pagar e os compromissos a honrar naquela data. O balanço patrimonial pessoal nada mais é do que uma fotografia da situação financeira da pessoa em determinada data, por exemplo, 31 de dezembro de 2010.

COMO ESTRUTURAR UM BALANÇO PATRIMONIAL PESSOAL?

O que é um ativo?

É o conjunto formado por bens e direitos. Seu carro, seu apartamento, o dinheiro depositado no banco, o saldo do FGTS, o empréstimo concedido a alguém etc.

PASSO Nº 1

Utilize a Tabela 5.1 para listar todos os seus bens e direitos. Procure usar valores bem próximos da realidade na hora de avaliar seus ativos. Faça uma estimativa conservadora, não seja otimista nesse momento.

BENS OU DIREITOS	VALOR	CLASSIFICAÇÃO

Tabela 5.1 – Lista de ativos

Os ativos podem ser classificados conforme sua liquidez, ou seja, conforme a rapidez com que eles podem ser transformados em dinheiro. Utilize a terceira coluna para classificar as contas do ativo, conforme a classificação a seguir.

Ativo de Curto Prazo (ACP) – são os bens e direitos que você pode converter em dinheiro vivo em menos de um ano. Exemplos: dinheiro na carteira, dinheiro no banco, aplicações financeiras.

Ativo de Longo Prazo (ALP) – são aqueles bens que você transformará em dinheiro em data futura, não determinada. Exemplo: fundo de garantia, dinheiro emprestado a alguém sem data para pagamento etc.

Ativo Permanente (AP) – são os bens que você não pretende converter em dinheiro. Por exemplo: apartamento, casa na praia, automóvel etc.

O ativo é sempre colocado no lado esquerdo do balanço.

ATIVO	
a. Aplicação em dinheiro (poupança, ações, títulos...)	
b. Contas a receber (empréstimos, prestações de venda de um bem...)	
c. Bens (carros, casas, lotes, joias, máquinas, empresas...)	
Total: ______________	

Figura 5.1 – Balanço patrimonial

O QUE É UM PASSIVO EXIGÍVEL?

O passivo são as dívidas. Por exemplo, o saldo devedor do apartamento, as dívidas no cartão de crédito, do banco, do cheque especial, da financeira que emprestou o dinheiro para trocar o carro etc.

É denominado "exigível" porque os credores irão exigir o pagamento na data combinada.

Passo nº 2

Liste todas as suas dívidas e suas obrigações.

DÍVIDAS	VALOR	CLASSIFICAÇÃO

Tabela 5.2 – Lista de passivos

Vale a mesma distinção entre curto e longo prazos aplicada no ativo. Utilize a terceira coluna para classificar as contas do passivo, conforme a classificação seguinte.

Passivo Exigível de Curto Prazo (PECP), são as obrigações que vencem em menos um ano	Acima desse prazo, são classificadas como **Passivo Exigível de Longo Prazo (PELP)**

Figura 5.2

O passivo é sempre colocado do lado direito do balanço patrimonial.

	PASSIVO Dívidas (financiamento, parcela da casa, consórcio...) Total: ______________

Figura 5.3

O QUE É PATRIMÔNIO LÍQUIDO?

É a riqueza da família. A diferença entre o que você possui e suas dívidas será seu patrimônio real.

Quanto mais ativos e menos dívidas você tiver, maior será sua riqueza.

Também é colocado do lado direito do balanço patrimonial.

	PATRIMÔNIO LÍQUIDO total do ATIVO – total do PASSIVO

Figura 5.4

O total do ativo é exatamente igual à soma do passivo exigível com o patrimônio líquido; daí o nome *balanço patrimonial.*

ATIVO	PASSIVO
a. Aplicação em dinheiro (poupança, ações, títulos...) b. Contas a receber (empréstimos, prestações de venda de um bem...)	Dívidas (financiamento, parcela da casa, consórcio...) Total: ______________
c. Bens (carros, casas, lotes, joias, máquinas, empresas...) Total: ______________	PATRIMÔNIO LÍQUIDO total do ATIVO – total do PASSIVO

Figura 5.5 – Balanço patrimonial

A Tabela 5.3 mostra um exemplo de um balanço patrimonial pessoal realizado por um indivíduo de 30 anos em determinada data.

BALANÇO PATRIMONIAL PESSOAL

ATIVO		PASSIVO	
ATIVO DE CURTO PRAZO		EXIGÍVEL NO CURTO PRAZO	
Saldo na conta-corrente	2.000,00	Dívida do cheque especial	1.500,00
Caderneta de poupança	5.000,00	Saldo devedor Financiamento do Automóvel em menos de 1 ano	6.000,00
Fundos de investimento	4.000,00	Saldo devedor do Apartamento a vencer em menos de 1 ano	5.000,00
Ações da Petrobras	12.000,00	Dívidas de cartões em lojas	500,00
SUBTOTAL	23.000,00	SUBTOTAL	13.000,00
ATIVO DE LONGO PRAZO		EXIGÍVEL NO LONGO PRAZO	
Empréstimo concedido ao cunhado a perder de vista	2.000,00	Saldo devedor do Apartamento a vencer depois de 1 ano	40.000,00
FGTS	17.000,00	Saldo devedor Financiamento do Automóvel depois de 1 ano	2.000,00
SUBTOTAL	19.000,00	SUBTOTAL	42.000,00
ATIVO PERMANENTE		**TOTAL PASSIVO**	**55.000,00**
Apartamento	60.000,00	PATRIMÔNIO LÍQUIDO	
Automóvel	16.000,00	Patrimônio real	63.000,00
SUBTOTAL	76.000,00	SUBTOTAL	63.000,00
TOTAL ATIVO	**118.000,00**	**TOTAL**	**118.000,00**

Tabela 5.3 – Balanço patrimonial pessoal

Essa pessoa possui ativos no valor de R$ 118 mil, divididos em três grupos: aqueles que são mais "líquidos", pois podem ser resgatados em dinheiro a qualquer momento, que são o saldo na conta-corrente, caderneta de poupança, fundos de investimento e ações da Petrobras, no total de R$ 23 mil; aqueles nos quais não há previsão para resgate, como o empréstimo concedido ao cunhado a perder de vista e o Fundo de Garantia por Tempo de Serviço (FGTS), que poderá ser resgatado em caso de demissão, aposentadoria ou compra da casa própria, são considerados ativos de longo prazo, no total de R$ 19 mil; e aqueles que são "permanentes", caso do apartamento e do automóvel, no valor de R$ 76 mil.

Na coluna da direita, está o passivo no valor de R$ 55 mil, dividido em exigível de curto prazo, representado pelas dívidas no cheque especial, saldos de financiamentos do automóvel e do imóvel no curto prazo e dívidas em cartões de lojas, totalizando R$ 13 mil; e exigível de longo prazo, representado pelo restante dos saldos de financiamento do automóvel e do apartamento em longo prazo, no total de R$ 42 mil.

A diferença entre os ativos e o passivo é o patrimônio líquido, o qual representa o patrimônio real do indivíduo, no valor de R$ 63 mil.

ESTRUTURANDO SEU BALANÇO PATRIMONIAL

Utilizando os dados das Tabelas 5.1 e 5.2, elabore seu balanço patrimonial preenchendo a Tabela 5.4.

BALANÇO PATRIMONIAL PESSOAL

ATIVO		PASSIVO	
ATIVO DE CURTO PRAZO		EXIGÍVEL NO CURTO PRAZO	
SUBTOTAL		SUBTOTAL	
ATIVO DE LONGO PRAZO		EXIGÍVEL NO LONGO PRAZO	
		SUBTOTAL	
SUBTOTAL		**TOTAL PASSIVO**	
ATIVO PERMANENTE		PATRIMÔNIO LÍQUIDO	
		Patrimônio real	
SUBTOTAL		SUBTOTAL	
TOTAL ATIVO		**TOTAL**	

Tabela 5.4 – Balanço patrimonial pessoal

Sua riqueza crescerá ou diminuirá de um ano para o outro conforme seu fluxo de caixa. Se num ano você ganhou mais do que gastou, seu patrimônio líquido será maior no final desse ano; se o contrário ocorrer, estará menos rico. Ricos são aqueles que sempre ficam mais ricos, ou seja, cujo patrimônio líquido aumenta sempre.

O balanço é uma importante referência, ou seja, um *benchmark*. De tempos em tempos, pode-se apurar o balanço patrimonial e compará-lo com o anterior, observando a evolução da situação patrimonial.

Procure apurar seu balanço patrimonial pelo menos uma vez por ano. Aproveite a entrega da declaração do Imposto de Renda, pois terá reunido vários documentos que facilitarão sua vida.

ORÇAMENTO DE FLUXO DE CAIXA DE ONDE VEM E PARA ONDE VAI SEU DINHEIRO?

Para responder esta pergunta, basta fazer um relatório com as receitas e despesas, chegando ao resultado do período.

É preciso conhecer quanto sobra ou falta dinheiro no final do mês; para isso é necessário realizar a avaliação do fluxo de caixa mensal das receitas e despesas. Um bom planejamento financeiro necessita impreterivelmente dessa informação. Se estiver sobrando, você, por exemplo, poderá investir; se estiver faltando, você terá que reduzir despesas e controlar dívidas. Na linguagem dos contadores, o diagnóstico de entrada e saída de recursos em um determinado período é chamado de demonstração de resultado econômico (DRE).

RECEITA	DESPESA
______________	______________
______________	______________
______________	______________

Figura 5.6

Esse relatório de demonstração do resultado ou fluxo de caixa será seu melhor aliado no controle de gastos. Você ficará mais rico ou mais pobre conforme o resultado de sua "vida financeira" a cada período. O ideal é acompanhar a demonstração de resultado ou o fluxo de caixa mensalmente para ver como andam seus ganhos, seus gastos e o saldo, que pode estar em lucro (*superávit*) ou prejuízo (*déficit*).

Receitas – são todas as fontes de renda que você possui. Por exemplo: salário, comissões, renda com aluguéis, dividendos etc.

Despesas – são todas os gastos que você possui. Por exemplo: água, luz, telefone, alimentação, mesada para filhos, supermercado, academia, lazer etc.

CONSTRUINDO UM RELATÓRIO DE DEMONSTRAÇÃO DE RESULTADO

Inicialmente forneça o valor total de sua renda. Em seguida, faça uma estimativa de seus gastos. Discrimine suas despesas mensais (despesas fixas) e as eventuais (despesas variáveis). Se preferir, pode dividir as receitas e os gastos por categorias como moradia, alimentação, transporte, saúde, educação, lazer etc. A organização do relatório por categorias ajuda a fazer uma avaliação de itens em que você esteja ganhando muito. Também possibilita que se faça análise em percentual, que poderá servir para comparações futuras.

Um relatório mensal básico pode ser elaborado por estes componentes:

RECEITAS	VALOR	%
Salário líquido (aposentadoria ou *pro labore*)		
Renda de aplicações financeiras		
Renda de aluguel		
Outras		
TOTAL DE RECEITAS		
DESPESAS	VALOR	%
MORADIA		
Aluguel/impostos		
Condomínio/prestação da casa		
Conta de luz/água/gás		
Telefone		
Consertos/manutenção		
ALIMENTAÇÃO		
Supermercado		
Feira/sacolão		
TRANSPORTE		
Prestação do carro/seguro		
Combustíveis/estacionamento		
Impostos		
Ônibus/metrô/trem		
SAÚDE		
Plano de saúde		
Médicos/dentistas		
Farmácia		
EDUCAÇÃO		
Mensalidades escolares		
Cursos extras - idiomas/computação		
LAZER / INFORMAÇÃO		
Academia/programas culturais		
Jornais/revistas		
TV por assinatura/Internet		
OUTROS GASTOS		
Vestuário		
Cuidados pessoais		
RESERVA PARA GASTOS FUTUROS		
Impostos		
Escola		
Viagem		
SUBTOTAL		
SALDO (RECEITA TOTAL - DESPESA TOTAL)		

Tabela 5.5 – Relatório de demonstração de resultados

Após detalhar todo o relatório, veja o resultado mensal, que será a diferença entre receitas e despesas.

RECEITA – DESPESAS = SOBRA PARA INVESTIR OU DÉFICIT

Figura 5.7

A Figura 5.7 apresenta um exemplo reduzido de um demonstrativo de resultado pessoal do mesmo indivíduo que apresentou o balanço patrimonial da Tabela 5.6.

DEMONSTRATIVO DO RESULTADO MENSAL		
Receitas	R$	%
Salários	3.000,00	83%
Recebimento de comissões	600,00	17%
Total de Receitas	**3.600,00**	**100%**
Despesas	R$	%
Gastos com alimentação	900,00	28%
Gastos com academia	130,00	4%
Prestação do apartamento	416,00	13%
Automóvel	900,00	28%
Lazer	500,00	15%
Plano de saúde	130,00	4%
Roupas e acessórios	250,00	8%
Total das Despesas	**3.226,00**	**100%**
Disponível para Investir R$ 374,00		

Tabela 5.6 – Demonstrativo de resultado pessoal

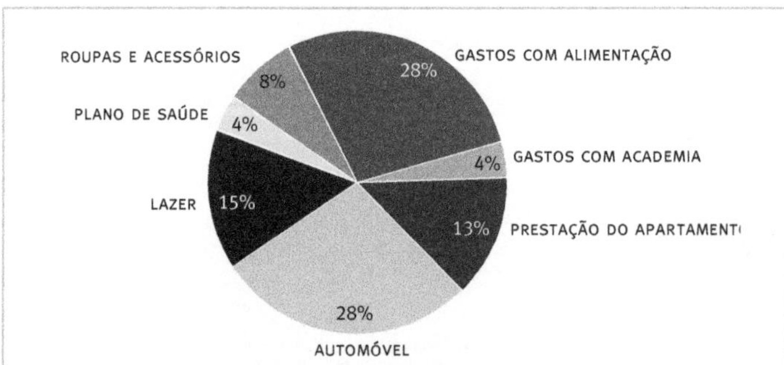

Gráfico 5.1 – Destino mensal dos recursos

Observa-se no exemplo que o indivíduo apresenta ganho mensal de R$ 3.600. Na linha dos gastos, o total das despesas foi de R$ 3.226, logo há um superávit de R$ 374, o que significa dizer que a renda suporta as despesas e que o saldo positivo pode ir para uma poupança.

ESTRUTURANDO SEU DEMONSTRATIVO DE RESULTADO

Elabore seu demonstrativo de resultado preenchendo a Tabela 5.7.

DEMONSTRATIVO DO RESULTADO (DR)		
RECEITAS	VALOR	%
TOTAL DE RECEITAS		
DESPESAS	VALOR	%
CONTAS FIXAS		
ALIMENTAÇÃO		
EDUCAÇÃO		
AUTOMÓVEL		
SAÚDE		
SEGUROS		
CASA		
CUIDADOS PESSOAIS		
VESTUÁRIO		
DESPESAS FINANCEIRAS		
EMPREGADOS		
IMPOSTOS		
OUTROS		
TOTAL DE RECEITAS		
RESULTADO DISPONÍVEL PARA INVESTIR MENSALMENTE R$		

Tabela 5.7 – Demonstrativo de resultado pessoal

TOMADA DE DECISÃO

Se suas RECEITAS forem maiores que suas DESPESAS:

- aproveite para investir o dinheiro que sobra no final do mês.

Se suas RECEITAS forem iguais às suas DESPESAS:

- comece a rever seu orçamento, pois qualquer imprevisto pode lhe causar problemas.

Se suas RECEITAS forem menores que suas DESPESAS:

- tome medidas urgentes em relação aos seus gastos;
- faça uma boa análise e veja quais despesas estão fazendo com que fique no vermelho.

Após a construção do balanço patrimonial e da demonstração de renda, é interessante analisar, interpretar e entender o que está acontecendo com seu patrimônio e para onde está indo seu dinheiro. No caso de estar em situação difícil, procure refletir sobre quais decisões devem ser tomadas para amenizar a situação. A seguir, algumas questões que podem lhe ajudar a detectar possíveis soluções que possam equilibrar seu balanço patrimonial.

1) Como está sua liquidez?

Liquidez é a medida da velocidade com que um ativo pode ser convertido em dinheiro vivo sem perder valor. Dinheiro no bolso é o ativo mais líquido que existe. Um sítio geralmente é um ativo com pouca liquidez. O índice que mede a liquidez é calculado pela razão entre os ativos de curto prazo (composto pelos bens e direitos que você pode converter em dinheiro vivo em menos de um ano, por exemplo: conta no banco, dinheiro em caderneta de poupança, fundos de investimentos, ações etc.) e pelos passivos de curto prazo, que são as obrigações que vencem em menos de um ano (como cartão de crédito, crediários, aluguel, contas de água, luz e telefones etc.).

$$\text{Índice de liquidez} = \frac{\text{Ativo de curto prazo}}{\text{Passivo de curto prazo}}$$

No exemplo apresentado, temos:

$$\text{Índice de liquidez} = \frac{\text{R\$ 23.000,00}}{\text{R\$ 13.000,00}} = 1{,}8$$

Ter liquidez é muito importante. Uma família precisa sempre ter ativos líquidos em seu patrimônio para pagar despesas do dia a dia. O valor de 1,8 significa que o valor do ativo de curto prazo é 1,8 vez maior que o valor do passivo de curto prazo ou, ainda, o valor do ativo para todo o passivo de curto prazo e sobra 0,8 (80%) do valor. Evite sempre que o índice de liquidez fique abaixo de 1. Isso indicaria que suas dívidas de curto prazo superam seus ativos de curto prazo, o que significa que você vai começar a ter dificuldades.

2) Qual o percentual de suas dívidas em relação aos seus ativos?

$$\text{Índice de endividamento} = \frac{\text{Passivo}}{\text{Ativo}}$$

No exemplo:

$$\text{Índice de endividamento} = \frac{\text{R\$ 55.000,00}}{\text{R\$ 118.000,00}} = 0{,}47 = 47\%$$

Esse número mostra que as dívidas representam 47% do ativo. Ou seja, se fosse necessário "liquidar" todas as dívidas imediatamente, haveria recursos suficientes.

Quanto menor este indicador, melhor. O ideal é ter índice de endividamento igual a zero. Cuidado para não ultrapassar 100%; nesse caso, seu patrimônio líquido estará negativo.

3) Qual é o peso das dívidas em seu orçamento?

Para verificar se você está comprometendo seu orçamento com compras a prazo, proceda da seguinte forma:

Some o valor de todas as parcelas de compras a prazo (prestações mensais) e divida pela receita mensal.

$$\text{Peso das Dívidas no Orçamento (\%)} = \frac{\text{Valor das prestações mensais}}{\text{Receita mensal}} = \times 100$$

Hoje no Brasil está fácil se endividar. O brasileiro é muito consumista e muitas vezes o excesso de compras a prazo sobrecarrega o orçamento, pois parte de sua renda já está comprometida com o pagamento de prestações.

No exemplo:

Desconsiderando a dívida do cartão de crédito, que não foi lançada no demonstrativo de resultado, há três itens a serem considerados: prestação do automóvel: R$ 900; prestação do apartamento: R$ 416; e ainda a prestação de roupas e acessórios: R$ 250; totalizando R$ 1.566. Dessa forma, podemos considerar:

$$\text{Peso das Dívidas no Orçamento (\%)} = \frac{\text{R\$ 1.566,00}}{\text{R\$ 3.600,00}} = \times 100 = 43{,}5\%$$

Esse valor é considerado muito alto, afinal, 43,5% da receita já estão comprometidos com despesas mensais. Sugere-se que este indicador não ultrapasse 30%.

5) Será que preciso e posso vender algum ativo para pagar dívidas?

É importante verificar se seu padrão de vida é compatível com suas dívidas. Será que vale a pena ter muitos bens se suas dívidas são altas? Muitas famílias nem percebem, com frequência, que pagam prestações com taxas de juros "embutidas" altas, comprometendo seu orçamento; no entanto, dispõem, paralelamente, de recursos aplicados a uma taxa muito inferior. Eis uma incoerência, pois não faz sentido ser remunerado a uma taxa menor que a taxa paga.

6) Qual o percentual de seus ativos que geram renda?

Verifique se vale a pena permanecer com os ativos ruins, aqueles que geram despesas.

7) Existe algum ativo ruim que possa ser transformado em ativo bom, ou seja, que possa gerar renda?

Verifique se uma casa na serra ou na praia que não está sendo utilizada pode ser alugada, quem sabe fora de temporada, por exemplo.

8) Por quanto tempo você sobrevive sem salário?

O índice de cobertura das despesas mensais determina por quantos meses você consegue sobreviver com seu ativo de curto prazo, ou seja, com o dinheiro que tem em caixa ou no banco, aquele que proporciona liquidez imediata.

$$\text{ÍNDICE DE COBERTURA DAS DESPESAS MENSAIS} = \frac{\text{ATIVO DE CURTO PRAZO}}{\text{DESPESAS MENSAIS}}$$

No exemplo:

$$\text{ÍNDICE DE COBERTURA DAS DESPESAS MENSAIS} = \frac{\text{R\$ 23.000,00}}{\text{R\$ 3.226,00}} = 7{,}1$$

Nesse caso, é possível, ficar sem receber salário por aproximadamente sete meses. Durante esse período não há necessidade de "pedir dinheiro emprestado" ou utilizar o limite do cheque especial.

Não há um número exato para este índice. O parâmetro varia de pessoa para pessoa, porém não convém deixar esse indicador abaixo de seis, pois se você ficar desempregado ou se é autônomo e tiver que se ausentar do trabalho por qualquer motivo, terá condições de se sustentar por seis meses. Quanto maior esse índice, maior a segurança para eventuais crises.

9) Quanto representa as despesas e/ou compras no seu orçamento?

Você já calculou quantos dias deve trabalhar para pagar a despesa anual de luz? De aluguel? Dos juros do cartão de crédito e do cheque especial? A análise deve ser feita da seguinte maneira: divida seu ganho anual pelo número de dias em que você realmente trabalha (dias úteis de trabalho). Assim você terá calculado quanto ganha por dia. Em seguida, divida o total de cada despesa por esse valor. O resultado será quantos dias precisa trabalhar por ano para pagá-la.

Exemplo: Se você ganha R$ 24 mil por ano e trabalha cinco dias por semana (240 dias por ano), ganha R$ 100 por dia. Se você gastou nos últimos 12 meses R$ 1.500 com juros, provenientes de cheque especial, cartão de crédito e crediário, então você trabalhou 15 dias (R$ 1.500 x R$ 100) para pagar a conta. Faça isso com todas as suas despesas e terá uma dimensão real de cada uma delas.

Passo a passo:

Inicialmente determine o total de horas trabalhadas e relacione com os ganhos mensais.

$$\text{Valor da hora trabalhada} = \frac{\text{Salários + Comissões + Bônus}}{\text{Total de horas de trabalho}}$$

No exemplo:

Jornada de trabalho mensal:

- 8 horas por dia x 5 dias = 40 horas semanais
- 40 horas x 4 semanas = 160 horas/mês

$$\text{Valor da hora trabalhada} = \frac{\text{R\$ 3.600,00}}{\text{160 horas}} = \text{R\$ 22,50 / hora}$$

Esse valor servirá de parâmetro para o indivíduo em questão comparar, ao comprar qualquer produto, quanto ele irá custar em termos de horas trabalhadas. Por meio desse indicador, fica mais fácil analisar se estamos consumindo pelo desejo ou por necessidade.

ORGANIZANDO AS DESPESAS

Com as planilhas do balanço patrimonial, das demonstrações de resultado e das análises realizadas, fica mais fácil visualizar em que lugar estão ocorrendo os gastos abusivos e desperdícios, facilitando a tomada de decisões no corte de despesas e gastos desnecessários. Para isso, em primeiro lugar, organize suas despesas e coloque os grupos em ordem decrescente de importância. O mais importante é aquele que necessita de mais dias para ser coberto. Faça em todos os grupos. Utilizando o exemplo:

ORGANIZANDO AS DESPESAS			
Total mensal de horas trabalhadas			160,00
Receita salarial mensal			3.600,00
Valor da hora trabalhada			22,50
GRUPO	**DESPESAS**	**R$**	**Horas de trabalho**
Alimentação	Gastos com alimentação	900,00	40
SUBTOTAL			**40**
Automóvel	Automóvel	900,00	40
SUBTOTAL			**40**
Pessoal	Gastos com academia	130,00	6
Pessoal	Roupas e acessórios	250,00	11
Pessoal	Lazer	500,00	22
SUBTOTAL			**28**
Apartamento	Prestação do apartamento	416,00	18
SUBTOTAL			**18**
Saúde	Plano de saúde	130,00	6
SUBTOTAL			**6**
TOTAL DAS DESPESAS		**3.226,00**	**132**

Tabela 5.8 – Organizando as despesas

Ao fazer um quadro similar para todas as despesas, você identificará a que grupos dedica a maior parte de seu trabalho e também quais são as despesas mais maleáveis, isto é, aquelas que você tem condições de alterar. Algumas serão mais fáceis de reduzir, outras quase impossíveis, algumas vão depender de boa vontade, outras de sacrifício, mas aos poucos você conseguirá identificar que gastos são passíveis de mudança.

Outra metodologia que pode ajudar a gerenciar os gastos. Classifique-as em quatro categorias:

Despesas obrigatórias fixas – são aquelas inevitáveis. Sobre elas não há muito o que se fazer, a não ser que haja uma tomada de decisão mais radical no padrão de vida. São despesas que não serão eliminadas nem reduzidas. Por exemplo, aluguel e condomínio: uma vez que a família alugue um apartamento, essas duas despesas são fixas e não há como fugir delas.

Despesas obrigatórias variáveis – são necessárias, mas com flexibilidade maior. Não podem ser eliminadas, mas é possível reduzir seus custos. Por exemplo: a alimentação. Ninguém vive sem comer, mas as opções são tantas e tão variadas que qualquer família pode gerenciar a cesta de produtos de forma a identificar diversas combinações possíveis.

Despesas não obrigatórias fixas – são aquelas que você não é obrigado a ter, mas a partir do momento que decide tê-las, tornam-se fixas. Nesse caso, são passíveis de eliminação, mas não é possível redução. Por exemplo: Não consigo reduzir a mensalidade do clube ou a mensalidade da assinatura de uma revista. Posso, sim, deixar de ser sócio do clube ou cancelar a assinatura da revista.

Despesas não obrigatórias variáveis – são aquelas que você não é obrigado a ter, mas caso as tenha, pode reduzir. Exemplo: cinema, discos, salão de beleza etc.

Exemplo:

OF Obrigatórias fixas	OV Obrigatórias variáveis
Aluguel, IPTU, IPVA, condomínio	Alimentação, vestuário, higiene, limpeza, energia, água, telefone, escola, remédios, combustível, manutenção de carro...
NOF Não obrigatórias fixas	**NOV Não obrigatórias variáveis**
Empregada, plano de saúde, assinaturas de jornal e revistas, TV a cabo, taxa de clube, seguro de carro...	Celular, produtos de beleza, viagens, cinema e teatro, discos, livros...

Figura 5.8 | *Fonte:* Adaptado de José Pio Martins, *Educação financeira ao alcance de todos*

IMPORTANTE

A classificação das despesas varia conforme o padrão de vida das pessoas!

CLASSIFICANDO SUAS DESPESAS

Preencha a Tabela 5.8, listando e classificando suas despesas. Não coloque os valores, apenas liste as contas, pois esta tabela tem como objetivo apenas organizar quais as contas serão eliminadas e reduzidas primeiro.

OBRIGATÓRIAS FIXAS	OBRIGATÓRIAS VARIÁVEIS
NÃO OBRIGATÓRIAS FIXAS	NÃO OBRIGATÓRIAS VARIÁVEIS

Tabela 5.9 – Classificação das despesas

A HORA DOS AJUSTES

A arte de cortar gastos exige que se observe o grau de importância de cada despesa, segundo critérios da família, por isso é importante que haja compreensão e entendimento entre todos. Criar um ambiente de cumplicidade entre os membros da família é muito importante; só assim todos vão participar da elaboração dos objetivos e colaborar para atingi-los. Um dos segredos de um plano financeiro familiar é a participação de todos; o diálogo é muito importante para obter essa participação. Não é fácil mudar hábitos da noite para o dia; o aprendizado da austeridade no trato das finanças e o cumprimento de metas irá compensar os eventuais sacrifícios e descontentamentos passageiros.

CAPÍTULO 6

EMPRÉSTIMOS E FINANCIAMENTOS: VALEM A PENA?

Pior que o fim do dia
para mim... é o fim do mês.

O objetivo deste livro é fornecer ferramentas que possibilitem melhor gestão das finanças pessoais. A proposta não é a de ser punitivo, com sugestões de cortes radicais de gastos, com proibição de consumo, com recomendações de distância de dívidas, de prestações, de empréstimos, do cartão de crédito etc. A ideia é mostrar que, com organização e planejamento, é possível fazer bom uso do dinheiro. O dinheiro foi feito para ser gasto, atendendo às necessidades de cada um e, se bem administrado, deve ser multiplicado. Para isso, é importante que se tenha conhecimento, controle e se saiba de onde vem, de que maneira vem, para onde vai e de que maneira vai seu dinheiro. As ferramentas de gestão apresentadas até o momento ajudam a ter controle e visualização desses números.

Neste capítulo falaremos um pouco a respeito das dívidas. Não entraremos no mérito de se devemos ou não estar endividados. Vamos, sim, refletir e entender o que as dívidas representam no orçamento e como elas podem ser evitadas.

DESEJO OU NECESSIDADE

As dívidas representam o mais alto estágio de descontrole financeiro. Ninguém deveria se endividar se realmente não houvesse necessidade. Porém, diante da maior facilidade de acesso ao crédito, seja por meio do cartão de crédito e do limite do cheque especial ou das diversas linhas de antecipação de restituição e 13º salário, muitos consumidores não resistem e acabam optando pelo financiamento de suas compras, e com isso há um número expressivo de pessoas que se "afundam" em dívidas.

Há mercadorias e serviços que podem não ser comprados em dinheiro, à vista; no entanto, existe uma operação de crédito que facilita as vendas, permitindo que os clientes disponham de bens e serviços no ato e paguem em parcelas no futuro. O crédito facilitado possibilita que um número maior de compradores tenha acesso ao mercado de bens e serviços. Permite a antecipação, acelera a realização de sonhos e projetos. Com o crédito ou o empréstimo, a pessoa faz hoje o que sem crédito só poderia fazer no futuro.

Mas é sempre bom ter bem claro que numa dívida há sempre duas pontas: de um lado, aquele que pretende antecipar uma realização; do outro, aquele que entrega um bem para receber a prazo ou empresta dinheiro para devolução em tempo determinado – nos dois casos, acrescido de taxas de juros. Juros são a remuneração pelo dinheiro emprestado.

FINANCIAMENTO OU PAGAMENTO À VISTA?

Se você possui este tipo de dúvida, é importante que fique claro que se houver desconto é sempre preferível financeiramente fazer um pagamento à vista em lugar de contratar um financiamento.

É fato de que não é fácil poupar por um longo tempo para juntar um dinheirinho quando se tem a possibilidade de fazer um financiamento e usufruir imediatamente do objeto de desejo.

Porém, analise o exemplo a seguir e veja a economia que se faz quando se opta por uma compra à vista.

Compra de um automóvel: Valor à vista: R$ 31.150,00.

Alternativa 1:

Compra financiada: Entrada de 30% do valor à vista + 36 prestações de R$ 824,24.

VALOR DO AUTOMÓVEL	31.150,00	PERÍODO DE PARCELAMENTO (meses)	36	TAXA DE FINANCIAMENTO (ao mês)	1,8%
Forma de pagamento	Entrada	Número de parcelas	Valor parcela	Desembolso	Desembolso extra
À vista	31.150,00	–	–	31.150,00	–
Financiamento	9.345,00	36	828,24	39.161,64	8.011,64

Figura 6.1

Neste caso, há um desembolso extra por parte do consumidor de R$ 8.011,64.

Alternativa 2:

Poupar R$ 828,24 por mês, mais uma aplicação inicial (entrada) de R$ 9.345,00, em uma aplicação financeira que renda 0,6% a.m. e daqui a 36 meses comprar à vista.

POUPANÇA EM APLICAÇÃO FINANCEIRA COM RENDIMENTO MENSAL DE 0,6%				
Entrada	Valor da parcela	Total	Automóvel	Economia
9.345,00	828,24	44.761,85	31.150,00	13.611,00

Figura 6.2

Se considerarmos que houve uma valorização do preço do automóvel de 15% no período, ainda assim é vantajoso *financeiramente* esperar e efetuar a compra à vista.

POUPANÇA EM APLICAÇÃO FINANCEIRA COM RENDIMENTO MENSAL DE 0,6%				
Entrada	Valor da parcela	Total	Automóvel	Economia
9.345,00	828,24	44.761,85	35.822,50	8.939,35

Figura 6.3

CAPACIDADE DE PAGAMENTO

Antes de adquirir qualquer empréstimo ou financiamento, certifique-se de sua capacidade de pagamento. Isso significa que você deve se programar para conseguir honrar o pagamento das parcelas. O não pagamento de uma parcela ou de juros mensais gera incidência de novos juros, o que pode fazer com que você perca o controle da situação.

É muito fácil fazer uma dívida atrás da outra. Pequenos débitos podem se transformar num conjunto de perigosos compromissos.

Por exemplo, o devedor compra um bem financiado, após ter visto que seu orçamento mensal comporta. Resolve, também, trocar o carro e faz um financiamento em 36 vezes. No mês seguinte compra uma geladeira em 6 vezes no carnê da loja. Ele trabalhou com a contabilidade mental, pensando em uma conta de cada vez, não somou todas elas. Na hora que chegam todas as contas para pagar, surgem os problemas desse devedor.

Outro fator importante são os "gastos fantasmas" que aparecem de uma hora para outra assustando o indivíduo, pois não estavam previstos.

O QUE SÃO GASTOS FANTASMAS?

É todo gasto imprevisto no orçamento e tem origem em aquisições de bens e contratação de serviços diversos que não foram bem orçados.

Vamos usar o exemplo da compra financiada do carro utilizado anteriormente.

Ao optar pela compra financiada, frequentemente se avalia o valor da prestação, ou seja, R$ 828,24. Se couber no orçamento, realiza-se a compra. Vamos analisar então quais as outras despesas, ou os gastos fantasmas, que a compra deste automóvel deve gerar.

Gastos com seguro

Considerando que o seguro de um veículo novo de R$ 31.150,00 esteja avaliado em torno de 4% do valor do automóvel, obtemos R$ 1.246,00. Se transformarmos, para fins de comparação, em parcelas mensais, teremos: R$ 1.246,00 ÷ 12 = R$ 103,83/mês.

Gastos com IPVA

O Imposto sobre a Propriedade de Veículos Automotores (IPVA) é um imposto estadual, cobrado anualmente, cuja alíquota varia a cada Estado (de 1 a 6%), de acordo com o valor do veículo. O recolhimento do IPVA é anual e 50% do valor arrecadado é destinado ao município onde o veículo foi licenciado.

Para fins de cálculo, utilizaremos a alíquota de 3%. Portanto, o IPVA a ser pago resulta em R$ 934,50, o que gerará mensalmente um gasto de R$ 934,50 ÷ 12 = R$ 77,88.

Gastos com multas

Se você é um bom motorista, não deve se preocupar com este gasto, porém, se de vez em quando comete algum tipo de infração e é penalizado financeiramente por isso, deve, além de ter mais cuidado no trânsito, levar em consideração estas cifras.

Para fins de cálculo, estimaremos um valor de R$ 300 por ano de multa, ou seja, R$ 25,00 por mês.

Gastos com estacionamento

Estacionamentos temporários

Aquelas pessoas que moram em centros maiores terão expressivos gastos neste subgrupo. Hoje, em média, na cidade de Porto Alegre, uma hora de estacionamento no centro da cidade resulta em valores em torno de R$ 4,00. Devemos considerar também estacionamento em shoppings, estádios de futebol, restaurantes etc.

Dessa forma, podemos considerar, para fins de estimativa, um valor de R$ 15,00 por semana, resultando em R$ 60,00 mensal.

Estacionamento permanente

Além do estacionamento temporário, há ainda o estacionamento permanente, para aquelas pessoas que não possuem garagem em casa ou box no prédio. Neste caso, para fins de cálculo, estimaremos um valor aproximado R$ 80,00/mês.

Gastos com combustível

Considerando o consumo de 1,5 tanques de gasolina por mês, a um preço médio de R$ 2,80/litro e considerando um automóvel com um tanque de 50 litros, chegaremos ao valor de: 1,5 x 50 x 2,80 = R$ 210,00 por mês de combustível.

Gastos com manutenção

O brasileiro gasta em média R$ 865,00 por ano em visitas em oficinas, lojas automotivas, concessionárias, borracharias etc. Portanto, R$ 865,00 ÷ 12 = R$ 72,08 mensais em manutenção.

Depreciação

Geralmente as pessoas não levam em consideração a depreciação do veículo, mas este item tem um impacto muito importante no orçamento e principalmente na hora de tomar a decisão entre comprar um carro novo ou um carro usado, pois sabemos que um carro novo, ao sair da loja, já sofre uma depreciação que varia entre 10% a 20%. Considerando o fator de depreciação de 10% ao ano, é importante ter em mente que se o consumidor resolver, daqui a três anos, por exemplo, vender seu automóvel usado para comprar um similar zero quilômetro, deverá fazer um aporte de capital. Para tanto, podemos estimar qual valor deve ser reservado por mês para que seja possível efetuar a compra sem despender do valor de uma só vez.

Dessa forma, considerando uma depreciação de 10% a.a., chegamos ao valor de R$ 3.115,00 anual, resultando em R$ 259,58 mensais.

A Tabela 6.1 apresenta um resumo dos gastos fantasmas e o impacto que eles geram no orçamento.

VALOR DO AUTOMÓVEL 31.150,00	PERÍODO DE PARCELAMENTO (meses) 36	
Taxa de Financiamento (ao mês) 1,8%		
DESPESA	**MENSAL**	**ANUAL**
Valor da parcela	828,24	9.938,85
Seguro	103,83	1.245,96
IPVA	77,88	934,56
Multas	25,00	300,00
Estacionamento temporário	60,00	720,00
Estacionamento permanente	80,00	960,00
Gasolina	210,00	2520,00
Manutenção	72,08	864,96
Depreciação	259,58	3.114,96
GASTO MENSAL TOTAL	1716,61	20.599,29
GASTO FANTASMA	888,37	10.660,44
GASTO MENSAL INICIAL	828,24	9.938,85
AUMENTO EM RELAÇÃO AO GASTO MENSAL	107%	9.725,88

Tabela 6.1 – Exemplo prático de gastos fantasmas

Nota-se, portanto, que os gastos fantasmas são muito danosos a qualquer planejamento financeiro. O valor esperado no orçamento era de R$ 828,24; no entanto, com a aquisição do automóvel, as despesas mensais estimadas totalizaram R$ 1.716,61, o que representa um aumento de 107% em relação à original, pois o total dos gastos fantasmas que surgiram com a aquisição foi de R$ 888,37.

O QUE FAZER PARA COMBATER OS GASTOS FANTASMAS?

É importante, antes de realizar investimentos expressivos na compra de um bem ou serviço, estudar e conhecer bastante este bem ou serviço adquirido para não ser surpreendido. Além disso, seja pessimista na alocação dos gastos. Fique a favor da segurança!

Utilizamos o exemplo do automóvel para ilustrar a presença dos gastos fantasmas na aquisição de um bem. Portanto, antes de fazer uma dívida, pense sempre em:

- resgatar um investimento cuja taxa de remuneração seja menor que a taxa de juros cobrada no empréstimo e liquidar à vista;
- questionar sobre o pagamento parcelado sem juros, no cartão de crédito ou cheque pré-datado;
- questionar sobre o financiamento, mesmo com juros;
- adiar sua compra se sua situação financeira não é saudável.

Se mesmo assim você optar por uma compra a prazo, endivide-se de forma consciente.

ENDIVIDAMENTO CONSCIENTE

Podemos dizer que um endividamento é consciente quando se assume uma dívida para antecipar um objetivo ou satisfazer uma necessidade, tendo ciência de que seu pagamento cabe no orçamento futuro. Ele pode ser otimizado com a escolha da dívida adequada às suas necessidades em prazo e com as menores taxas de juros e tarifas. Pesquise qual a melhor alternativa de dívida.

Em uma compra a prazo de um eletrodoméstico, por exemplo. Defina a marca, o modelo e em quantas vezes você quer efetuar o pagamento. Posteriormente, inicie a "pechincha". Faça a cotação de preços sempre nas mesmas condições em todas as lojas. A escolhida deverá ser a que apresentar a prestação com menor preço.

ALTERNATIVAS DE CRÉDITO PESSOAL

As instituições financeiras atualmente oferecem a seus clientes muitas alternativas de crédito pessoal. O site www.financenter.com.br é um dos que exploram bem esse assunto, apresentando-o de forma resumida, com simulações de operações e exemplos práticos. Vamos abordar aqui as alternativas de crédito pessoal mais utilizadas, para que o leitor possa conhecer as características, as vantagens e desvantagens em relação à utilização. São eles: cheque especial, crédito pessoal, crédito direto ao consumidor (CDC) e cartão de crédito.

Cheque Especial

Definição

É um crédito pré-aprovado que os bancos colocam à disposição dos clientes levando em conta o cadastro e o relacionamento. A disponibilidade é automática, até o limite estabelecido, sempre que há um débito na conta-corrente superior ao saldo disponível. O limite é recomposto de acordo com cobertura do saldo devedor e é periodicamente ajustado em função das necessidades, cadastro e relacionamento.

Características

Na prática, é um "saldo extra" que o cliente pode utilizar quando não possuir saldo disponível na conta-corrente para débitos como cheques, DOCs, TEDs, tarifas, os próprios juros do cheque especial etc. A utilização está sujeita ao pagamento de juros relacionados ao valor utilizado durante o mês. Os encargos – juros e Imposto sobre Operações Financeiras (IOF) – são calculados diariamente e cobrados mensalmente. As condições de utilização – taxas, prazos, valores, garantias, vencimento antecipado, multas, renovação automática – são estabelecidas em contrato assinado entre o cliente e o banco. Este poderá mudar unilateralmente essas condições, mediante aviso ao cliente.

Finalidades

A utilização racional do cheque especial deve restringir-se a necessidades eventuais e de curtíssimo prazo.

Benefícios

A utilização do cheque especial é conveniente quando o "furo de caixa" estiver limitado a poucos dias – máximo uma semana. Nestes casos, mesmo sendo a alternativa mais cara do mercado, pode resultar em juros menores.

Tipos

- Carência: se o prazo de utilização for menor ou igual ao de carência, não há juros, apenas IOF. Nesta modalidade o cliente precisa saber que, se a utilização ultrapassar o prazo de carência, ele pagará juros sobre o prazo integral, inclusive da carência.
- Juros decrescentes: quanto maior o prazo de utilização, menor a taxa de juros. O cuidado aqui é que, apesar de decrescentes, são muito altos. Além do custo, cuidar para não ultrapassar o limite ou descumprir alguma cláusula do contrato, o que anula o benefício.
- Juros reduzidos: clientes que têm outras operações com o banco: investimentos, seguros, cartão etc. O cliente deve solicitar esse produto ao gerente, pois não é oferecido a todos.

Cuidados

Mantenha o saldo de sua conta-corrente sob rigoroso controle, observe os débitos de tarifas, débitos automáticos etc. O cheque especial deve ser encarado como uma das últimas alternativa no caso de necessidade de crédito.

Como funciona

A Tabela 6.2 apresenta uma situação real como exemplo de utilização do limite do cheque especial.

LIMITE DO CHEQUE ESPECIAL R$ 2.000,00 TAXA DE JUROS % AO MÊS 8,00% ALÍQUOTA MENSAL DE IOF 0,125%						
CONTA CORRENTE				CHEQUE ESPECIAL		
data	débito	crédito	saldo	saldo utilizado	limite disponível	juros
dia 29 Sexta			80,00		2.000,00	0,00
dia 01 Segunda	150,00		-70,00	-70,00	1.930,00	-0,19
dia 02 Terça	60,00		-130,00	-130,00	1.870,00	-0,35
dia 03 Quarta	200,00		-330,00	-330,00	1.670,00	-0,88
dia 04 Quinta	25,00		-355,00	-355,00	1.645,00	-0,95
dia 05 Sexta	250,00		-605,00	-605,00	1.395,00	-1,61
dia 08 Segunda			595,00	595,00	2.000,00	0,00
dia 09 Terça			595,00	595,00	2.000,00	0,00
dia 10 Quarta	380,00	1.200,00	215,00	215,00	2.000,00	0,00
dia 11 Quinta			215,00	215,00	2.000,00	0,00
dia 12 Sexta			215,00	215,00	2.000,00	0,00
dia 15 Segunda	65,00		150,00	150,00	2.000,00	0,00
dia 16 Terça			150,00	150,00	2.000,00	0,00
dia 17 Quarta			150,00	150,00	2.000,00	0,00
dia 18 Quinta	100,00		50,00	50,00	2.000,00	0,00
dia 19 Sexta			50,00	50,00	2.000,00	0,00
dia 22 Segunda	112,00		-62,00	-62,00	1.938,00	-0,17
dia 23 Terça			-62,00	-62,00	1.938,00	-0,17
dia 24 Quarta			-62,00	-62,00	1.938,00	-0,17
dia 25 Quinta	90,00		-152,00	-152,00	1.848,00	-0,41
dia 26 Sexta			-152,00	-152,00	1.848,00	-0,41
dia 29 Segunda	600,00		-752,00	-752,00	1.248,00	-2,01
dia 30 Terça			-752,00	-752,00	1.248,00	-2,01

(CONTINUA...)

(CONTINUAÇÃO)

Cálculo dos encargos: débito no 1º dia útil do mês seguinte	
Valor a ser debitado de juros	-9,29
Valor a ser debitado de IOF	-0,94

Tabela 6.2 – Exemplo de funcionamento do cheque especial

Metodologia de cálculo

Sobre os saldos devedores diários, verificados na conta vinculada ao crédito concedido, incidirão juros à taxa praticada pelo banco nas operações da espécie. Os juros serão calculados pela multiplicação do saldo devedor de cada dia pela taxa de juros mensais dividida por 30. Os referidos juros serão apurados diariamente e somados para débito e exigibilidade no primeiro dia útil do mês subsequente à utilização do limite de crédito. O IOF, incidente sobre os saldos devedores diários, será calculado e exigido de acordo com a legislação em vigor e será debitado na conta-corrente do creditado no primeiro dia útil do mês subsequente à utilização do limite de crédito.

Crédito Pessoal

Definição

É um empréstimo em que os recursos são colocados à disposição do devedor, que os utiliza livremente. Em geral, é creditado na conta corrente ou por meio de cheque nominativo.

Características

Obtém-se em bancos, financeiras, cooperativas de crédito. É necessário ter cadastro aprovado e garantias (avalista e/ou outras). O período fica no intervalo entre 1 a 60 meses; o pagamento poderá ser em parcela única ou em várias parcelas com amortizações mensais. Há incidência de taxas: além do IOF, frequentemente são cobradas tarifa de abertura de crédito (TAC) e taxa de cadastro. Portanto, o custo efetivo total pode variar de acordo com o valor do empréstimo, prazo, taxa de juros, tarifa de abertura de crédito, IOF, entre outras despesas.

Finalidades

Indicado para: necessidades que não sejam para aquisição de bens ou serviços – neste caso, há alternativas mais adequadas e baratas; renegociação ou consolidação de dívidas, utilizando a possibilidade de aumentar prazos e/ou oferecer garantias para obter redução de custo; substituição ou quitação de outras dívidas mais onerosas, por exemplo, cheque especial e cartão de crédito.

Benefícios

- É um produto flexível em prazos e taxas de juros. Prazos menores, em geral, tem taxas de juros mais baixas.
- Bom cadastro e o oferecimento de garantias reduzem substancialmente a taxa de juros.
- A substituição de outras dívidas mais caras por esta alternativa pode significar redução expressiva de custo, além de evitar problemas ocasionados pela inadimplência.
- O fluxo de pagamentos poderá ser adequado ao orçamento, inclusive levando em conta recebimentos extras como 13º salário, férias, bônus etc.
- A data de vencimento das parcelas poderá ser fixada para o dia de recebimento mensal de créditos, tipo salário, aluguéis etc., desde que as datas sejam uniformes.
- As pessoas que têm acesso a cooperativas de crédito dispõem de taxas de juros menores do que as cobradas por bancos ou financeiras. Além disso, o IOF é zero, as tarifas também são bem menores ou inexistentes. Nesse caso, inclusive, o cooperado também é sócio da cooperativa, o que significa que estará pagando juros que se reverterão em benefício dos cooperados.
- Financeiras oferecem crédito "rápido e fácil". Por outro lado, cobram taxas muito elevadas, superiores até às do cheque especial.

Cuidados

- Leia o contrato antes de assinar, especialmente no caso do "crédito rápido e fácil" das financeiras.
- Pesquise taxas, informe-se sobre alternativas de redução das taxas: prazos menores, garantias etc.
- Informe-se sobre as tarifas cobradas: cadastro, renovação de cadastro etc.; analise o valor da tarifa e como ela é cobrada.
- Se você tem recursos aplicados, prefira resgatá-los, pois a diferença entre os juros que vai pagar no empréstimo e os que vai receber na aplicação é muito grande.

Como funciona

- Geralmente é solicitado/contratado na agência com o gerente do banco, financeira ou cooperativa de crédito.
- Há bancos que tem limites pré-aprovados por cliente, para esta modalidade. Neste caso, assinado o contrato respectivo, pode ser utilizado através da internet, telefone, caixa automático, ou outros meios colocados à disposição pelo respectivo banco.
- Os pagamentos são debitados na conta-corrente ou pagos por meio de boleto bancário.
- Os atrasos nos pagamentos estão sujeitos à cobrança de juros.

- Em geral, no caso de pagamento parcelado, as prestações são iguais e mensais.
- Há possibilidade de fazer amortização antecipada, negociando o valor com o gerente.

Crédito Direto ao Consumidor (CDC)

Definição

É um financiamento destinado à aquisição de bens duráveis e serviços.

Características

- É obtido em bancos, financeiras, lojas que vendem produtos financiáveis no CDC.
- O prazo é geralmente de 3 a 36 meses. Varia em função do valor e tipo do bem, da capacidade de pagamento do comprador e das condições da economia. Frequentemente o pagamento é realizado em prestações mensais.
- Os juros: em geral são pré-fixados; nos casos de prazo superior a 12 meses, também são encontradas alternativas com atualização monetária pela TR ou pelo IGP-M.
- As garantias: no caso de veículos e outros bens, quando possível é exigida a alienação fiduciária. O bem adquirido é dado em garantia.
- Outros custos são: IOF, TAC, taxa de cadastro, seguro do bem, outros seguros.

Finalidades

Específico para aquisição de bens – veículos, eletrodomésticos, eletroeletrônicos, equipamentos profissionais, materiais de construção, vestuário, outros bens não perecíveis – e serviços – assistência técnica, manutenção etc.

Benefícios

- É um produto flexível em relação a prazos; é de fácil obtenção; em geral, as taxas de juros são menores do que as do crédito pessoal; geralmente não tem flexibilidade de taxas em relação a bons cadastros.

Cuidados

- Leia o contrato antes de assinar.
- Pesquise taxas de juros em estabelecimentos similares.
- O Código de Defesa do Consumidor exige que os estabelecimentos informem exatamente os juros que estão sendo cobrados do cliente. Exija seus direitos.
- Compare as condições dos diversos prazos possíveis, não apenas o valor da prestação, também o valor dos juros pagos.
- Veja os exemplos a seguir: compare o total de juros pagos em relação ao prazo e às taxas de juros.

Como funciona

- É obtido no estabelecimento vendedor que mantém convênio com uma ou várias instituições financeiras – banco ou financeira. Também há os casos em que o próprio estabelecimento "banca" o financiamento e, posteriormente, negocia estes créditos com uma instituição financeira, gerando o CDC-I; nesta modalidade a loja assume o risco de pagamento pelo comprador – chamada Interveniência.
- Não é necessário ser cliente ou ter cadastro aprovado previamente – em geral, o cadastro é feito na hora.
- O pagamento poderá ser realizado por meio de boleto bancário ou carnê pagável na loja.
- O seguro do bem é exigido no caso de veículos. Há outros seguros, como de vida e de perda de emprego, que poderão ser exigidos. Frequentemente o preço do seguro é incluído no valor do financiamento.
- O valor do IOF geralmente também é financiado.
- A falta de pagamento permite ao vendedor retomar o bem financiado.

Importante: Informe-se sobre as taxas praticadas no mercado, veja os bancos que cobram as menores e as maiores taxas.

Cartões de crédito

Uma das grandes conveniências do cartão é que ele minimiza a necessidade de andar com dinheiro na carteira, permite ao usuário adiar por alguns dias o pagamento de suas compras e acaba por estabelecer uma forma de avaliação de crédito, isto é, o tipo de cartão que você possui permite identificar de forma simples seu perfil de renda.

Definição

É um instrumento bastante versátil e útil, mas deve ser utilizado com cuidado para evitar dívidas que se tornem muito difíceis de quitar. Apresenta vantagens interessantes e algumas desvantagens, porém, a maior parte das desvantagens podem ser evitadas com o uso racional.

Características

Deve ser realizada uma distinção entre o cartão de compra e o cartão de crédito. No primeiro você faz a compra e paga integralmente no vencimento do cartão. Já o segundo oferece financiamento.

Tipos

- **Nacional e internacional.** O cartão internacional permite que sejam feitas compras no exterior pessoalmente, pela TV ou pela internet. Em geral é mais caro.

- **Institucional.** Traz a marca da administradora, em geral ligada a um banco. Tem relação direta com sua conta-corrente e seu uso pode reduzir algumas tarifas bancárias.
- ***Co-branded.*** Apresenta duas marcas, a da administradora e a de outra empresa. Traz benefícios como descontos na aquisição de produtos e milhagem gratuita.
- **Afinidade.** Tem a marca da administradora e de uma instituição filantrópica.
- **Pré-pago.** Você deposita certo valor e pode gastá-lo com o cartão.
- **Corporativo.** Para funcionários graduados.

Vantagens

- Permite a coincidência entre os pagamentos e recebimentos, já que você pode escolher a data de vencimento.
- Evita que você carregue dinheiro ou cheques.
- É obrigatório em diversas situações no exterior, como para o aluguel de carros.
- É mais aceito do que cheque, pois oferece menor risco para o vendedor.
- Em geral, oferece crédito rápido e sem burocracia.
- Muitos oferecem serviços extras, como acesso a salas *vip* nos aeroportos e socorro mecânico.
- Muitos oferecem programas de fidelidade com distribuição de prêmios.

Desvantagens

- Anuidade, que geralmente é paga para se ter um cartão.
- Os juros do cartão de crédito, principalmente no crédito rotativo (que você obtém quando não paga a fatura toda), são muito altos.
- Compras por impulso. Talvez a maior desvantagem esteja neste item. Compra-se muito por impulso – já que todo mundo aceita o cartão – e muitas vezes adquire-se coisas de que realmente não se precisa.
- Limite. Muitos cartões estabelecem limites para seus gastos. Os limites são calculados subtraindo o total que você tem financiado. Se você tem um limite de R$ 4 mil e fez uma compra no valor de R$ 1.500, financiada em três vezes, seu limite agora é de R$ 2.500. Quando você pagar a primeira parcela, ele irá para R$ 3 mil e assim por diante, só retornando aos R$ 4 mil depois que todas as parcelas estiverem quitadas.

Cuidados

- Use o cartão apenas como um mecanismo de compra, não de crédito. Se você precisar de dinheiro, existem outras formas mais baratas, como o crédito pessoal.
- Apesar das fraudes serem raras nos cartões de crédito, previna-se. Se estiver comprando pela internet, procure sites conhecidos. Se a compra for numa loja com mecanismo de registro manual, exija o carbono que contém o número de seu cartão.

A tabela a seguir apresenta as taxas cobradas no mercado, conforme a modalidade de crédito.

TAXAS	CHEQUE ESPECIAL	CRÉDITO PESSOAL	CDC	CARTÃO DE CRÉDITO
ao mês	7% a 11%	3% a 6%	1% a 5%	10% a 14%
ao ano	125% a 250%	43% a 101%	13% a 80%	214% a 382%
IOF	0,000041 SOBRE O SALDO DEVEDOR	SIM	SIM	2,5% PARA COMPRAS INTERNACIONAIS

Tabela 6.3 – Taxas de mercado | *Fonte:* www.financenter.com.br

CAPÍTULO 7
ACUMULAÇÃO DE CAPITAL

A maioria das pessoas associa dinheiro a prazer imediato. Para mim, ele deve ser acumulado para proporcionar liberdade.

T. Harv Eker

Juros simples ou juros compostos?

O juro composto é a maior invenção da humanidade, porque permite uma confiável e sistemática acumulação de riqueza.

Albert Einstein

MERCADO FINANCEIRO

O mercado financeiro é o mercado no qual o uso do dinheiro disponível na sociedade é trocado (negociado) entre seus diversos agentes (pessoas e empresas que dispõem ou precisam de dinheiro). Um elemento fundamental deste mercado é a poupança interna, utilizada para financiar projetos de empresas e pessoas.

Em outras palavras, o dinheiro que os poupadores depositam em instituições financeiras é transformado em investimentos que financiam os setores da economia que necessitam de recursos.

Quem não tem recursos próprios para realizar seus projetos e, portanto, precisa de empréstimos ou de financiamentos, é chamado agente deficitário do mercado financeiro; o fornecedor desse dinheiro é chamado de agente superavitário. Os primeiros também são chamados de tomadores de recursos, os segundos, de poupadores.

É em torno deste mercado que se organiza o "sistema financeiro".

O sistema financeiro é constituído por todas as pessoas que movimentam dinheiro, ou seja, os principais agentes do mercado financeiro somos nós que ganhamos, gastamos e poupamos dinheiro.

Diariamente, essas pessoas (cada um de nós) assumem um ou mais dentre três papéis sociais: poupadores, emprestadores ou circuladores e creditados.

Os poupadores são todas as pessoas que guardam dinheiro em instituições financeiras; os emprestadores ou circuladores são as instituições financeiras; os creditados são as pessoas que tomam dinheiro emprestado.

Evidentemente, existem muitos conflitos de interesses entre cada um desses agentes.

Enquanto os poupadores querem ver seu dinheiro crescer, os creditados negociam para pagar menos juros aos poupadores e emprestadores.

Os emprestadores querem ser bem remunerados pelo trabalho que prestam, de preferência, ficando com uma fatia dos ganhos que ajudaram os poupadores a obter. Os poupadores, por sua vez, sempre buscam jogar o ônus da inadimplência para os emprestadores, e assim por diante...

MATEMÁTICA FINANCEIRA

De forma simplificada, podemos dizer que a Matemática Financeira é o ramo da Matemática Aplicada que estuda o comportamento do dinheiro no tempo. Busca quantificar as transações que ocorrem no universo financeiro levando em conta a variável tempo. É uma ferramenta útil na análise de algumas alternativas de investimentos ou financiamentos de bens de consumo. Consiste em empregar procedimentos matemáticos para simplificar a operação financeira de um fluxo de caixa.

As principais variáveis envolvidas no processo de quantificação financeira são: a taxa de juros, o capital e o tempo.

Taxa de juros

Tecnicamente, a taxa de juros é a remuneração do capital que os agentes superavitários emprestam para os deficitários.

Emocionalmente, a taxa de juros funciona como uma fonte de motivação para os dois lados envolvidos:

- o poupador se anima a deixar de consumir um tanto agora na esperança de poder consumir mais no futuro;
- o tomador se dispõe a pagar esse a mais para o poupador porque precisa consumir um tanto agora e não tem o dinheiro necessário. Com isso, ele mantém acesa a esperança de realizar seus projetos ou resolver suas dificuldades de fluxo de caixa.

A taxa de juros indica qual remuneração será paga ao capital para um determinado período. Ela vem normalmente expressa na forma percentual, seguida da especificação do período de tempo a que se refere:

8% a.a. (a.a. significa ao ano) | 10% a.t. (a.t. significa ao trimestre)

Capital

É o valor aplicado por meio de alguma operação financeira. Também conhecido como: principal, valor atual, valor presente ou valor aplicado. Em inglês, usa-se present value (indicado pela tecla PV nas calculadoras financeiras).

Juros

Devemos entender como juros a remuneração de um capital aplicado a uma certa taxa, durante um determinado período, ou seja, é o dinheiro pago pelo uso de dinheiro emprestado. Portanto, juros = preço do crédito.

A existência de juros decorre de vários fatores, entre os quais se destacam:

- inflação: a diminuição do poder aquisitivo da moeda num determinado período de tempo;
- risco: os juros produzidos de uma certa forma compensam os possíveis riscos do investimento;

- aspectos intrínsecos da natureza humana: em um mundo capitalista, as pessoas visam a "ganhar dinheiro".

Os juros podem ser capitalizados segundo dois regimes: *simples* ou *compostos*.

Juros simples

O regime de *juros* será *simples* quando o percentual de juros incidir apenas sobre o valor principal. Sobre os juros gerados a cada período não incidirão novos juros. Valor principal ou simplesmente principal é o valor inicial emprestado ou aplicado, antes de somarmos os juros. Matematicamente, tem-se:

$$J = PV \,.\, i \,.\, n$$

Cálculo do valor acumulado ou Valor Futuro (fórmula geral):

FV = principal + juros

$$FV = PV \,.\, [1 + (i \,.\, n)]$$

Em que:

J = juros

PV = valor presente

i = taxa de juros

n = número de períodos

FV = montante ou valor futuro

A taxa **i** tem que ser expressa na mesma medida de tempo de **n**.

Exemplo:

Um financiamento de R$ 10 mil por 12 anos, com taxa de juros de 30% a.a. no regime de juros simples, resultará no final do período um montante de R$ 46.000,00

Capital: R$ 10.000,00 – Taxa de Juros: 30% a.a.

PERÍODO (ANO)	JUROS SIMPLES	CAPITAL + JUROS
1	3.000,00	13.000,00
2	6.000,00	16.000,00
3	9.000,00	19.000,00
4	12.000,00	22.000,00
5	15.000,00	25.000,00
6	18.000,00	28.000,00
7	21.000,00	31.000,00
8	24.000,00	34.000,00
9	27.000,00	37.000,00
10	30.000,00	40.000,00
11	33.000,00	43.000,00
12	36.000,00	46.000,00

Tabela 7.1 – Exemplo de juros simples

O cálculo matemático é linear, ou seja, o dinheiro cresce em progressão aritmética ao longo do tempo.

A taxa e o prazo devem sempre estar expressos na mesma unidade de tempo.

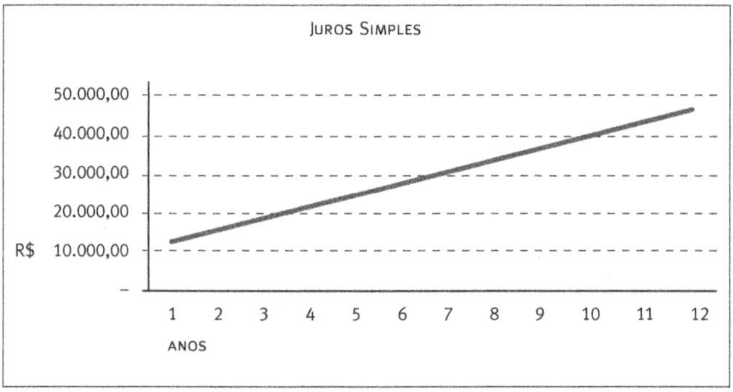

Gráfico 7.1 – Regime de juros simples

Juros compostos

O regime de *juros compostos* é o mais comum no sistema financeiro e, portanto, o mais útil para cálculos de problemas do dia a dia. Os juros gerados a cada período são incorporados ao principal para o cálculo dos juros do período seguinte.

Chama-se de capitalização o momento em que os juros são incorporados ao principal.

$$FV = PV \,.\, (1 + i)^n$$

A taxa **i** tem que ser expressa na mesma medida de tempo de **n**.

Exemplo:

Um financiamento de R$ 10 mil por 12 anos com taxa de juros de 30% a.a. agora no regime de juros compostos, resultará no final do período um montante de R$ 232.980,85. Veja a Figura 7.2.

Capital: R$ 10.000,00 – Taxa de Juros: 30% a.a.

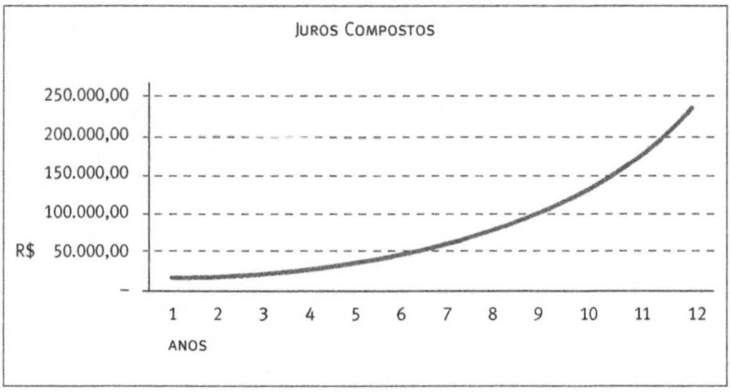

Gráfico 7.2 – Regime de juros compostos

O cálculo matemático é exponencial, ou seja, o dinheiro cresce em progressão geométrica ao longo do tempo.

PERÍODO (ANO)	JURO SIMPLES	CAPITAL + JURO
1	3.000,00	13.000,00
2	6.900,00	16.900,00
3	11.970,00	21.970,00
4	18.561,00	28.561,00
5	27.129,30	37.129,30
6	38.268,09	48.268,09
7	52.748,52	62.748,52
8	71.573,07	81.573,07
9	96.044,99	106.044,99
10	127.858,49	137.858,49
11	169.216,04	179.216,04
12	222.980,85	232.980,85

Tabela 7.2 – Exemplo de juros compostos

QUANDO UTILIZAMOS JUROS SIMPLES E JUROS COMPOSTOS?

Encontramos uso para o regime de juros simples em operações de curtíssimo prazo, no processo de desconto simples de duplicatas, no pagamento de multas e no pagamento de aluguel. Por exemplo: Um investidor compra um imóvel no valor de R$ 100 mil para alugar. Define que irá cobrar do inquilino o valor correspondente a 0,6% do valor do imóvel. Desta forma, pelo período de 1 ano de contrato, o valor recebido pelo locatório será de R$ 600,00 (0,6% x R$ 100 mil) ao mês, durante o ano todo.

Exemplo:

Aluguel

- Valor do imóvel: R$ 100 mil
- Taxa do aluguel: 0,60% ao mês
- Prazo: 1 ano

O valor total recebido no ano é de R$ 100.000,00 x 0,60% x 12 = R$ 7.200,00, pois os juros não se incorporam ao capital acumulado.

Porém, a maioria das operações envolvendo dinheiro utiliza juros compostos. Estão incluídos: compras a médio e a longo prazos, compras com cartão de crédito, empréstimos bancários, aplicações financeiras usuais como caderneta de poupança, CDB, fundos de investimentos, ações.

Em se tratando de aplicação financeira, quanto maior o prazo dedicado ao investimento, maior será a bolada de juros acumulados. O que está por trás do efeito acelerador dos juros compostos é o conceito de "juros sobre juros".

Na Figura 7.3 pode-se observar o efeito ao longo do tempo de uma aplicação de R$ 1 mil em um instante zero, e mais nenhuma aplicação, aplicando em diferentes taxas de juros.

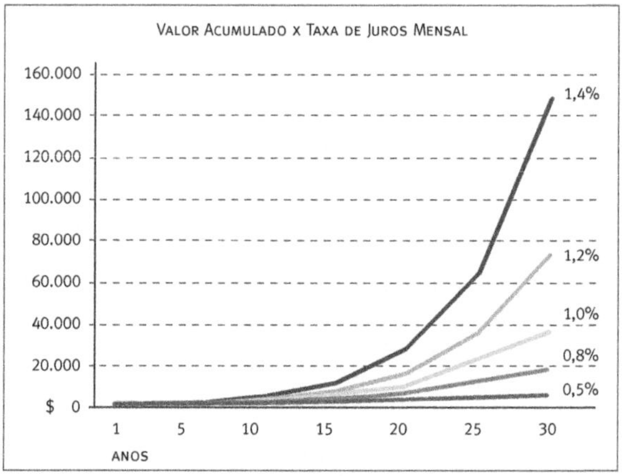

Gráfico 7.3[1] – Valor acumulado no tempo de aplicação inicial de R$ 1 mil, conforme a taxa de juros mensal

O fator taxa e o fator tempo são determinantes para a acumulação de capital. Veja que, se aplicado a uma taxa de 0,5% a.m., após dez anos o capital inicial de R$ 1 mil resulta em um valor acumulado de R$ 1.819. No entanto, a mesma aplicação, durante o mesmo período, com taxa de 1,4% resulta um montante de R$ 5.303.

	TAXA DE JUROS				
Prazo	0,5%	0,8%	1,0%	1,2%	1,4%
1 ano	R$ 1.005	R$ 1.008	R$ 1.010	R$ 1.012	R$ 1.014
5 anos	R$ 1.349	R$ 1.613	R$ 1.817	R$ 2.046	R$ 2.303
10 anos	**R$ 1.819**	R$ 2.602	R$ 3.300	R$ 4.185	**R$ 5.303**
15 anos	R$ 2.454	R$ 4.197	R$ 5.996	R$ 8.560	R$ 12.213
20 anos	R$ 3.310	R$ 6.769	R$ 10.893	R$ 17.511	R$ 28.126
25 anos	R$ 4.465	R$ 10.918	R$ 19.788	R$ 35.822	R$ 64.772
30 anos	R$ 6.023	R$ 17.611	R$ 35.950	R$ 73.280	R$ 149.164

Tabela 7.3 – Valor acumulado de uma única aplicação de R$ 1 mil ao longo do tempo de acordo com a taxa de juros mensal

1 Resultados apresentados com arredondamento.

Observe também o poder dos juros compostos com o passar do tempo.

O valor de R$ 1 mil aplicado a uma taxa de 0,8% a.m., por exemplo, após 5 anos estará em R$ 1.613; após 10 anos irá resultar um montante de R$ 2.602 e, no fim de 30 anos, o valor equivalente será R$ 17.611.

Por meio da Figura 7.1 é possível visualizar graficamente esta capitalização.

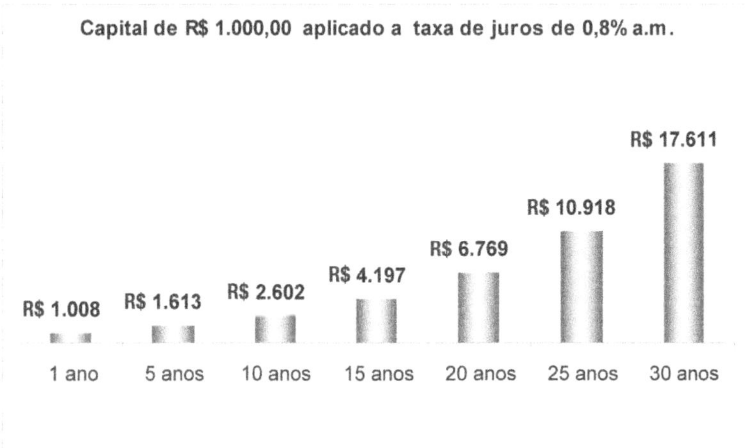

Figura 7.1 – Valor acumulado ao longo do tempo com aplicação inicial de R$ 1 mil e taxa de juros de 0,8% a.m.

Séries de pagamentos

Outro conceito muito utilizado na Matemática Financeira é o de séries de pagamentos ou pagamentos uniformes, que é o procedimento matemático que ajuda na estimativa da aposentadoria e da liberdade financeira. Por meio dele se pode calcular quanto se deve poupar todo mês, durante determinado período, para obter um valor esperado.

As séries de pagamentos nos possibilitam calcular, após o período de acumulação, o "salário" da aposentadoria ou da liberdade financeira.

Chama-se *valor presente* (PV)[2] ou *valor atual* de uma renda a soma dos valores presentes de cada um dos *pagamentos* (PMT),[3] calculados numa data indicada, anterior às de disponibilidade desses pagamentos, com uma taxa dada.

2 Present value – abreviatura da sigla em inglês.

3 Payment – abreviatura da sigla em inglês.

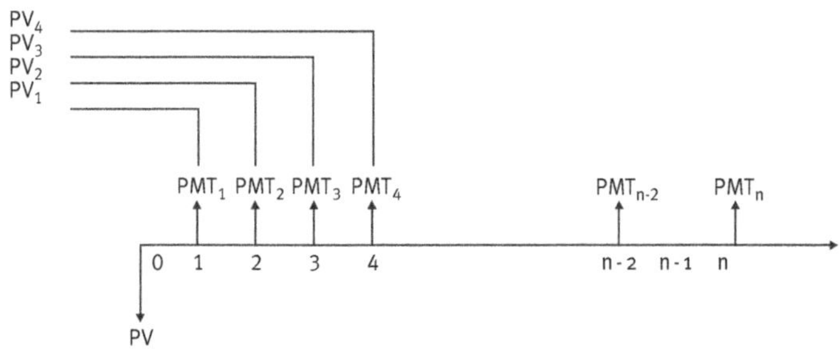

Figura 7.2 – Diagrama de fluxo de caixa para cálculo do valor presente

Chama-se *valor futuro* (FV)[4] ou *montante* de uma renda a soma dos valores futuros de cada um dos pagamentos, calculados numa data indicada, posterior às datas de disponibilidade desses pagamentos, com uma taxa dada.

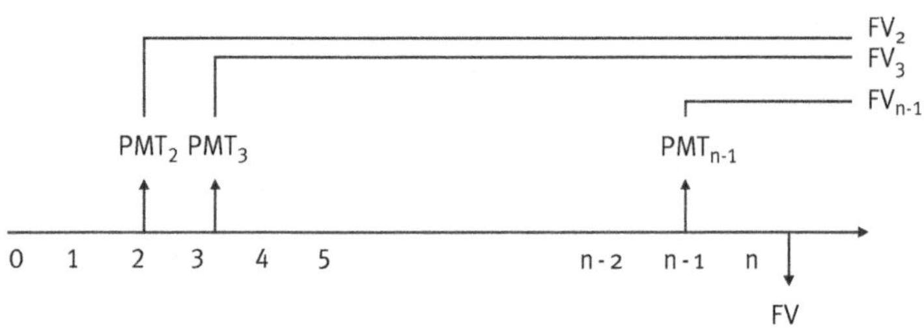

Figura 7.3 – Diagrama de fluxo de caixa para cálculo do valor futuro

SÉRIES POSTECIPADAS

São aquelas cujo pagamento ocorre no fim do período. É a sistemática normalmente adotada pelo mercado.

Fórmulas para cálculo do valor futuro e das prestações

$$FV = PMT \cdot \left[\frac{(1+i)^n - 1}{i}\right]$$

$$PMT = FV \cdot \left[\frac{i}{(1+i)^n - 1}\right]$$

Exemplo:

O valor acumulado referente a aplicações iguais e consecutivas de R$ 1.000,00 mensais, durante 3 meses, a taxa de 1,3% a.m., é R$ 3.039,17.

4 Future value – abreviatura da sigla em inglês.

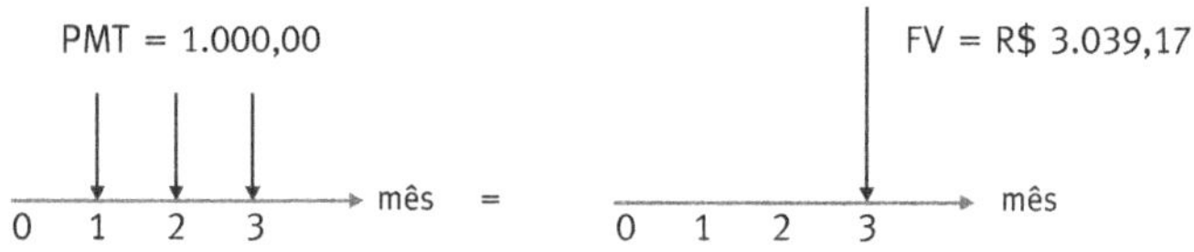

Figura 7.4

Utilizando a fórmula, temos:

$$FV = 1000 \ x \left[\frac{(1+0{,}03)^3 - 1}{0{,}03}\right] = R\$ \ 3.039{,}17$$

Fórmulas para cálculo do valor presente e das prestações

$$PV = PMT \ . \left[\frac{(1+i)^n - 1}{(1+i)^n \ . \ i}\right] \qquad PMT = PV \ . \left[\frac{(1+i)^n \ . \ i}{(1+i)^n - 1}\right]$$

Exemplo:

O valor necessário hoje, que possibilita retiradas iguais e consecutivas de R$ 5.000,00 mensais, durante 3 meses, a taxa de 1% a.m., é de R$ 14.704,93.

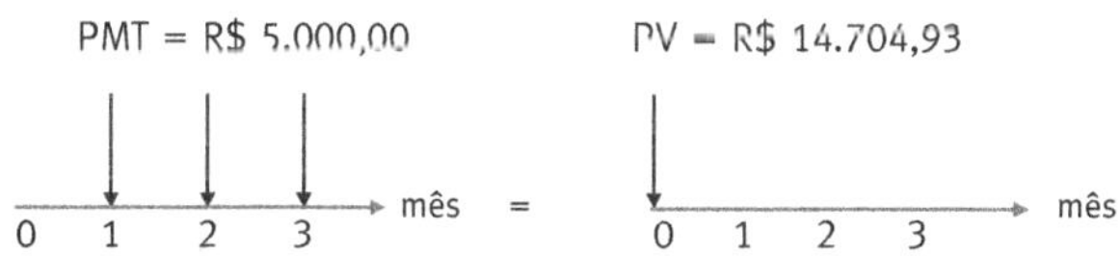

Figura 7.5

Utilizando a fórmula, temos:

$$PV = 5000 \ x \left[\frac{(1+0{,}01)^3 - 1}{(1+0{,}01)^3 \ . \ 0{,}01}\right] = R\$ \ 14.704{,}93$$

Os cálculos de Matemática Financeira podem ser realizados facilmente utilizando uma calculadora financeira. Basta inserir corretamente os valores das variáveis na memória da calculadora e solicitar o resultado. Em fração de segundos tem-se a resposta correta, simplificando o processo matemático para quem encontra dificuldades.

Outra alternativa para os cálculos financeiros são as planilhas eletrônicas. Estes softwares disponibilizam funções financeiras que permitem a resolução de problemas desta natureza com a utilização de tabelas. Na Figura 7.6, um exemplo da tela do Microsoft Excel, com algumas funções financeiras.

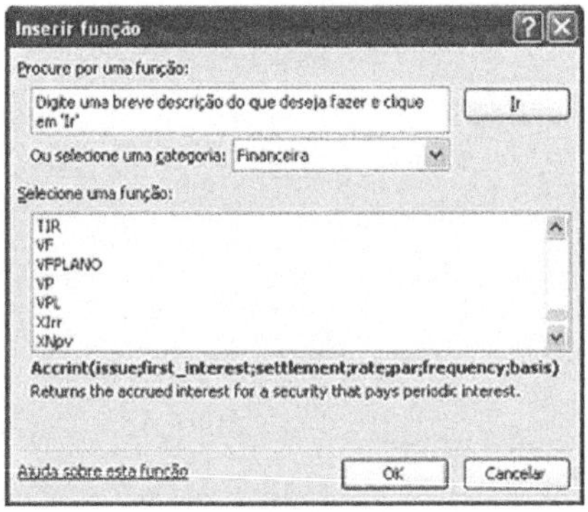

Figura 7.6

No dia a dia, deparamo-nos com as séries de pagamentos frequentemente. Basta comprarmos alguma coisa a prazo, com pagamentos em parcelas iguais, para vivermos essa realidade.

Por exemplo: A compra de uma TV Tela Plana 29 polegadas pode ser realizada à vista por R$ 749 ou financiada no cartão de crédito em 24 vezes, sem entrada. A taxa de juros cobrada pela loja é de 2,4981% a.m. Assim, podemos calcular o valor da parcela mensal.

Utilizando a fórmula:

$$PMT = PV \cdot \left[\frac{(1+i)^n \cdot i}{(1+i)^n - 1}\right]$$

será possível calcular o resultado.

$$PMT = 749{,}00 \text{ x } \left[\frac{(1+0{,}024981)^{24} \text{ x } 0{,}024981}{(1+0{,}024981)^{24} - 1}\right] = \text{R\$ } 41{,}87/\text{mês}$$

Utilizando uma calculadora financeira HP 12C, o cálculo é mais rápido. Basta inserir os dados e obter o resultado.

HP 12C	
749,00	PV
2,4981	i
24	n
PMT	41,87

Figura 7.7

A importância das variáveis tempo e taxa

O que rende mais no final de 35 anos? Aplicar R$ 500 por mês, desde o início, durante 35 anos ou esperar 5 anos para começar e então investir R$ 750 por mês durante os próximos 30 anos, aplicados a uma taxa de 1% a.m.?

A Tabela 7.4 apresenta duas situações: Um investidor 1 que inicialmente investe R$ 500,00 mensais por 35 anos, e um investidor 2 que espera cinco anos para iniciar seus investimentos, porém faz aportes mensais de R$ 750,00, que corresponde 50% a mais do valor aportado pelo investidor 1. Considere a taxa de 1% a.m.

	INVESTIDOR 1	INVESTIDOR 2
ano 0	R$ 0	-
ano 5	R$ 40.835	R$ 0
ano 10	R$ 115.019	R$ 61.252
ano 15	R$ 249.790	R$ 172.529
ano 20	R$ 494.628	R$ 374.685
ano 25	R$ 939.423	R$ 741.942
ano 30	R$ 1.747.482	R$ 1.409.135
ano 35	R$ 3.215.480	R$ 2.621.223
ano 40	R$ 5.882.386	R$ 4.823.220

Tabela 7.4 – Efeito em longo prazo[5]

Mesmo investindo 50% a mais, o investidor 2, passados 35 anos do início de sua operação, não conseguiu alcançar o capital acumulado do investidor 1 que iniciou cinco anos antes.

5 Resultados apresentados com arredondamento.

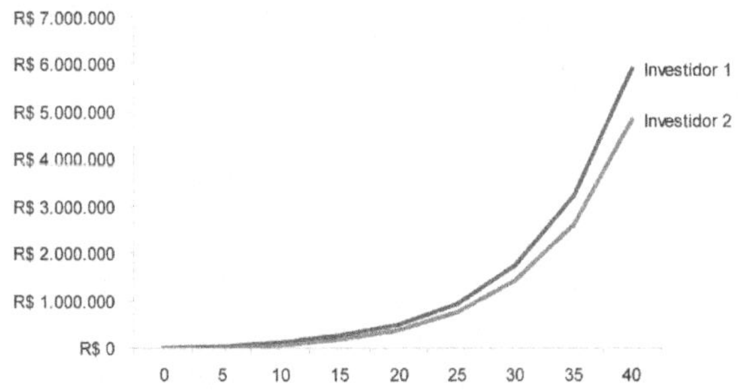

Figura 7.8 – Valor acumulado x Taxa de juros mensal

O investidor 1, que iniciou sua aplicação 5 anos antes, tem patrimônio maior.

Valor acumulado no tempo com aplicações mensais e consecutivas

A Figura 7.3 da página 72 mostrou uma simulação de resultados considerando uma aplicação única de R$ 1.000,00. A tabela a seguir apresenta uma simulação para o cálculo do valor acumulado, utilizando as mesmas taxas e períodos da Figura 7.3, porém considerando somente aportes mensais e consecutivos de R$ 100,00.

PRAZO	TAXA DE JUROS				
	0,5%	0,8%	1,0%	1,2%	1,4%
1 ano	R$ 1.234	R$ 1.254	R$ 1.268	R$ 1.282	R$ 1.297
5 anos	R$ 6.977	R$ 7.662	R$ 8.167	R$ 8.714	R$ 9.307
10 anos	R$ 16.388	R$ 20.022	R$ 23.004	R$ 26.539	R$ 30.739
15 anos	R$ 29.082	R$ 39.957	R$ 49.958	R$ 63.003	R$ 80.095
20 anos	R$ 46.204	R$ 72.113	R$ 98.926	R$ 137.596	R$ 193.758
25 anos	R$ 69.299	R$ 123.980	R$ 187.885	R$ 290.186	R$ 455.513
30 anos	**R$ 100.452**	R$ 207.641	R$ 349.496	R$ 602.332	**R$ 1.058.314**

Tabela 7.5 – Valor acumulado no tempo de aplicações mensais e consecutivas de R$ 100,00[6]

Mais uma vez podemos comprovar o poder dos juros compostos ao longo do tempo, a importância da taxa e do fator tempo. Veja que se as aplicações forem realizadas a uma taxa de 0,5% a.m., o montante acumulado é de R$ 100.452 em 30 anos; no entanto, se a taxa for majorada para 1,4% a.m., o valor acumulado é de R$ 1.058.314 no mesmo período.

A Figura 7.9 mostra o valor acumulado ao longo do tempo por meio de aportes mensais de R$ 100 aplicados a uma taxa de 0,8% a.m.

6 Resultados apresentados com arredondamento.

Figura 7.9 – Valor acumulado ao longo do tempo com aportes mensais de R$ 100 e taxa de juros de 0,8% a.m.

Cálculo do valor acumulado partindo de um capital inicial acrescido de aportes mensais

Nas simulações anteriores, mostramos isoladamente o valor acumulado a partir de uma aplicação única de R$ 1 mil ao longo do tempo e, posteriormente, somente a capitalização de aportes mensais no valor de R$ 100 durante um determinado período de tempo. A proposta agora é unir as duas situações, criando um cenário onde se faça um investimento inicial de R$ 1 mil e aportes mensais de R$ 100.

O resultado obtido é apresentado na Tabela 7.6.

PRAZO	TAXA DE JUROS				
	0,5%	0,8%	1,0%	1,2%	1,4%
1 ano	R$ 2.295	R$ 2.355	R$ 2.395	R$ 2.436	R$ 2.478
5 anos	R$ 8.326	R$ 9.275	R$ 9.984	R$ 10.759	R$ 11.609
10 anos	R$ 18.207	R$ 22.623	R$ 26.304	R$ 30.724	R$ 36.042
15 anos	R$ 31.536	R$ 44.154	R$ 55.954	R$ 71.563	R$ 92.308
20 anos	R$ 49.514	R$ 78.882	R$ 109.018	R$ 155.107	R$ 221.884
25 anos	R$ 73.764	R$ 134.899	R$ 207.673	R$ 326.008	R$ 520.285
30 anos	R$ 106.474	R$ 225.253	R$ 385.446	R$ 675.612	R$ 1.207.478

Tabela 7.6 – Valor acumulado no tempo a partir de um capital de R$ 1 mil e de aplicações mensais e consecutivas de R$ 100[7]

Observe que os valores acumulados foram majorados em relação à Tabela 7.5, pois o valor inicial de R$ 1 mil rende juros e a este acumulado se incorporam os aportes mensais, fazendo com que o montante fique cada vez maior, e renda, com o passar do tempo, juros cada vez maiores, reforçando o poder dos juros compostos.

Perceba também que, ao somarmos os valores acumulados na Tabela 7.3, que considera somente o investimento inicial, com os resultados obtidos na Tabela 7.5, na qual são válidos apenas os aportes mensais de R$ 100, obteremos os mesmos resultados que os expostos na Tabela 7.6.[8]

7 Resultados apresentados com arredondamento.

8 As diferenças observadas no somatório simples são devidas ao arredondamento dos valores.

Veja graficamente, por meio da Figura 7.10, o valor acumulado ao longo do tempo do investimento inicial de R$ 1 mil com aportes mensais de R$ 100, à taxa de 0,8% a.m.

Figura 7.10 – Valor acumulado ao longo do tempo com aporte inicial de R$ 1.000,00 e aportes consecutivos mensais de R$ 100 e taxa de juros de 0,8% a.m.

Enfim, os juros são de suma importância para a economia como um todo. De um lado, por ser um agente disciplinador por atraso em pagamentos, e, de outro, por proporcionar remuneração de aplicações financeiras. Cabe ao consumidor e ao investidor conhecerem as operações, analisarem cada situação e decidirem se irão utilizá-las a seu favor ou contra si.

No Capítulo 10 utilizaremos os juros compostos a nosso favor no cálculo da liberdade financeira. Analisaremos, no capítulo a seguir, as alternativas de investimentos para que possamos ter conhecimento do mercado; assim, com base na remuneração desejada e no perfil de risco, teremos condições de projetarmos a liberdade financeira.

CAPÍTULO 8
INVESTIDOR BEM-SUCEDIDO

Investidores
não correm riscos!
Investidores
administram riscos.

Gustavo Cerbasi

QUAL A MELHOR ALTERNATIVA?

Escolher onde investir e encontrar alternativas para ampliar as economias requer conhecimento dos produtos oferecidos pelo mercado financeiro. O ganho em transações financeiras decorre da relação de oferta e procura dos ativos do mercado. No mercado financeiro o indivíduo não é consumidor, mas é necessário que procure pelas melhores ofertas e pelos melhores produtos. Em finanças, o levantamento pode resultar em maior rendimento. Ao negociar com aptidão, o aplicador busca obter uma margem acima do capital depositado. Quanto mais entender sobre produtos e serviços bancários, maior será a possibilidade de conseguir boa rentabilidade. O principal é saber diferenciar as características das principais alternativas de aplicações financeiras. Com bom conhecimento, dificilmente será traído em seus objetivos.

RENDA FIXA VERSUS RENDA VARIÁVEL

O que é mais arriscado, jogar-se do trigésimo andar de um prédio ou jogar-se do segundo andar do mesmo prédio?

A pergunta não tem nenhuma conotação trágica, não é este o objetivo, mas visa fazer uma analogia com investimento de renda fixa e investimento de renda variável.

Então, qual é sua resposta?

Se você respondeu do segundo andar, está correto, pois ao jogar-se do segundo andar o risco é muito maior. Se alguém se jogar do trigésimo andar de um prédio não há dúvida quanto ao resultado esperado: essa pessoa chegará ao óbito. Porém, se optar por jogar-se do segundo andar, há incerteza quanto ao resultado. Ninguém sabe o que poderá ocorrer. Assim como ela pode sair ilesa, pode acontecer o pior.

Portanto, se você recebe exatamente o que esperava de uma aplicação financeira, estará aplicando em operações de renda fixa, ou seja, estará pulando do trigésimo andar. Não há surpresas quanto ao retorno de seu investimento. No entanto, quando se investe em renda variável, não se sabe quanto irá ganhar ou se irá ganhar no período da aplicação. Neste caso, trata-se do pulo do segundo andar.

Dessa forma, é preciso entendermos a ideia do risco em relação ao retorno. Investimentos de renda fixa são ditos livres de risco, porque, em relação ao retorno, não há surpresa. O investidor "entra na operação" conhecendo o retorno. Logo, os investimentos de renda variável são considerados arriscados, porque, em relação ao retorno, não há como garantir nada em um período futuro.

Investimentos em renda fixa

Então, conforme exemplificado anteriormente, nos investimentos em renda fixa a remuneração, ou forma de cálculo, é previamente definida no momento da aplicação.

Ao investir os recursos em um título de renda fixa, seja ele emitido pelo governo ou por uma empresa privada, o investidor está emprestando a quantia investida ao emissor do título para, em troca, depois de um certo período, receber o valor aplicado (denominado principal) acrescido de juros, pagos como forma de remuneração de seu empréstimo.

As condições do investimento – tais como cláusulas de recompra, prazos, formas de remuneração e índices – são acertadas com o devedor (também chamado emissor do título ou tomador) no momento da aplicação.

Na renda fixa, assim como em qualquer investimento, sempre existe a possibilidade de perda do capital investido, no todo ou em parte. Por exemplo, se o emissor do título não cumpre a obrigação assumida, o investidor deixará de receber uma parte ou a totalidade da quantia pactuada. Este é o risco chamado *risco de crédito*.

Outro risco possível é o de, ao final do período da aplicação, a rentabilidade se revelar menor do que a oferecida para outras aplicações de risco similar e disponíveis durante o mesmo período. Por exemplo, investir em um título pós-fixado, atrelado à taxa Selic e à inflação no período, se apresenta maior do que a taxa. Nesse caso, teríamos taxa real negativa, caracterizando perda do poder de compra. Este tipo de risco é chamado de *risco de mercado*.

Cabe destacar que existem investimentos de renda fixa pré e pós-fixados; a diferença é que nos pré-fixados já se sabe exatamente a rentabilidade que irá receber, e no pós-fixado se sabe previamente qual será a forma de cálculo de sua rentabilidade, mas a rentabilidade pode variar.

Os investimentos mais populares em renda fixa são a caderneta de poupança, títulos públicos, fundos DI, fundos de renda fixa, CDBs e debêntures, entre outros.

Renda variável

Nos investimentos em títulos de renda variável, o investidor não tem como saber, previamente, qual será a rentabilidade da aplicação.

Porém, se a escolha for feita com critério, diante de opções bem avaliadas e com diversificação dos investimentos, a aplicação em renda variável poderá proporcionar ao investidor um retorno maior do que o obtido em aplicações de renda fixa.

Nos investimentos em renda variável, a possibilidade de perda decorre não apenas da possibilidade de não pagamento pelo devedor ou empresa na qual se investiu, mas também da possibilidade de a rentabilidade obtida terminar sendo menor do que a taxa de juros oferecida por aplicações de renda fixa disponíveis no mesmo período do investimento. Ou seja, menor que o custo de oportunidade.

Geralmente, os investimentos em renda variável são recomendados para prazos mais longos e para investidores com mais tolerância às variações de preço dos títulos, muito comuns nesse mercado.

Nesse tipo de investimento, a diversificação da carteira é muito importante para diminuir o risco, pois eventuais perdas em alguns papéis podem ser compensadas com ganhos em outros.

Uma carteira pode ser considerada como uma cesta de ativos qualquer dentro de uma mesma estrutura, que pode ser um fundo, seu patrimônio pessoal ou mesmo a tesouraria de um banco.

Os investimentos mais tradicionais e populares em renda variável são as ações, os fundos de ações e os clubes de investimento.

ALTERNATIVAS DE INVESTIMENTO

A seguir estudaremos as alternativas de investimentos mais comuns ao alcance dos investidores no mercado financeiro brasileiro.

Caderneta de poupança

A caderneta de poupança foi regulamentada em 1964. Sua principal finalidade no sistema financeiro nacional é a captação de recursos que são usados principalmente no segmento habitacional, como financiamento de construção, reforma ou aquisição de imóveis residenciais e também para o financiamento do segmento de agronegócio.

Apesar de ter perdido participação nos últimos anos para alternativas de investimento mais rentáveis, a caderneta de poupança segue como uma das mais populares aplicações no Brasil. Além de sua simplicidade e transparência, a poupança apresenta baixo risco e tratamento fiscal favorável, o que acaba atraindo muitos investidores.

Um dos principais atrativos é a segurança. Aplicações de até R$ 60 mil por CPF são garantidas pelo Fundo Garantidor de Crédito.

Por meio desse fundo, o governo brasileiro garante que o investidor poderá resgatar seu dinheiro mesmo em caso de falência do banco. Se o investidor tiver um valor maior aplicado, corre o risco de perder suas economias no caso do fechamento ou "quebra" do banco.

No atual momento da economia brasileira, essa possibilidade é bastante remota; afinal os grandes bancos do país são muito bem geridos e tem apresentado resultados contábeis e financeiros muito bons. De qualquer forma, antes de investir, é importante conhecer o histórico da instituição financeira.

Como investir

Para começar uma caderneta de poupança não é necessário ter qualquer conhecimento sobre o mercado financeiro. Também não é preciso buscar auxílio de consultores ou instituições financeiras. Basta escolher um banco. Muitos bancos não exigem nem que o investidor seja correntista; basta apresentar RG, CPF e comprovante de residência.

Se o investidor já possui conta, o processo é ainda mais simples: a abertura da poupança, vinculada à conta corrente, pode ser feita pela internet ou em um caixa eletrônico.

Investimento mínimo

O investimento mínimo em caderneta de poupança geralmente fica na faixa de R$ 50,00 mas existem instituições que permitem aplicações a partir de R$ 10,00.

Liquidez

Apesar da liquidez diária, que possibilita ao investidor poder sacar a qualquer dia, a caderneta de poupança adota o critério de aniversário. Isso significa que, se o indivíduo investir no dia 10, somente obterá remuneração se sacar a partir do dia 10 do mês seguinte. Caso resgate antes, não receberá remuneração pelos dias que manteve o dinheiro aplicado.

Os depósitos realizados nos dias 29, 30 e 31 de cada mês terão como base o primeiro dia do mês seguinte, ou seja, o aniversário será sempre no primeiro dia do mês.

O prazo de aplicação é indeterminado e não há necessidade de renovação.

Rentabilidade

As regras de funcionamento da caderneta de poupança, incluindo a remuneração, são reguladas pelo Banco Central, de forma que, independentemente da instituição financeira na qual se aplica, a rentabilidade será a mesma. A regra para definir a rentabilidade é simples: 0,5% ao mês (que equivale a um retorno anual de 6,17%) mais a variação da TR.[1]

Ao investir na caderneta de poupança, a variação da TR até o primeiro aniversário já é conhecida, de forma que o investidor já sabe qual será a rentabilidade no primeiro mês. Após este período, a variação da TR não será mais conhecida, por isso a caderneta de poupança pode ser considerada um investimento pós-fixado, já que a TR é usada como indexador.

Tributação

Segundo o Decreto nº 3.000, de 26 de março de 1999 – Regulamento do Imposto sobre a Renda – RIR/1999, artigo 39, inciso VIII; Instrução Normativa SRF nº 25, de 6 de março de 2001, artigo 20. Os rendimentos obtidos em caderneta de poupança pela pessoa física estão isentos do imposto sobre a renda.

O governo, em meados do primeiro semestre de 2010, anunciou a tributação do imposto de renda sobre as cadernetas de poupança acima de R$ 50 mil a partir de 2010. A medida tinha como objetivo impedir que, com a queda da taxa básica de juros, a Selic, a poupança se tornasse mais rentável que os fundos de investimentos no país, provocando uma migração de recursos. Porém, as mudanças até julho de 2010 não haviam passado pela aprovação do Congresso.

---

1 Taxa referencial. É utilizada no cálculo do rendimento de vários investimentos, tais como títulos públicos e caderneta de poupança. E também em outras operações, como empréstimos do SFH (Sistema Financeiro da Habitação), pagamentos a prazo e seguros em geral. A metodologia de cálculo da TR tem como base a taxa média mensal ponderada ajustada dos CDBs pré-fixados das 30 instituições financeiras selecionadas; as duas de menor e as duas de maior taxa média são eliminadas. A base de cálculo da TR é o dia de referência, e é calculada no dia útil posterior. Sobre a média apurada das taxas dos CDBs, é aplicado um redutor que varia mensalmente.

Cuidados

A rentabilidade é definida sempre sobre o menor saldo do período. Por exemplo, se o investidor iniciou o mês com R$ 1 mil e sacou R$ 400 após 15 dias, a rentabilidade será calculada sobre R$ 600. Isso mostra que saques fora da data de aniversário podem prejudicar a rentabilidade de forma significativa.

Diante disso, vale a pena considerar instituições que ofereçam sistemas que gerenciem aplicações e saques, de forma que sejam criadas subcontas, dependendo do aniversário, como é o caso das poupanças integradas. Então não há necessidade de abrir novas contas; isso, em geral, garante que os saques sejam feitos das subcontas com aniversário mais vantajoso.

Quando a data de aniversário é em dias não úteis, o saque deve ser realizado no dia seguinte, senão o investidor perderá toda a rentabilidade do período.

O investidor deve estar atento também para o cenário macroeconômico brasileiro, diante do qual será possível, em breve, que o governo venha alterar as regras da caderneta de poupança. Se a taxa básica de juros da economia, a taxa Selic, continuar em tendência de queda, a rentabilidade de títulos públicos e aplicações em CDB e RDB, por exemplo, deixam de ser atrativos, apresentando rentabilidade abaixo da caderneta de poupança. Neste caso, haverá uma migração em massa para investimentos em caderneta de poupança. Para evitar um desequilíbrio no sistema financeiro, o governo pode tomar medidas como tributar os rendimentos da caderneta de poupança ou até mesmo reduzir o índice de remuneração de 0,5% ao mês, que é acrescido de TR.

Certificado de Depósito Bancário (CDB)

É um investimento de renda fixa, no qual o prazo e a taxa de remuneração são determinados no momento da contratação. Trata-se de títulos emitidos pelos bancos e colocados à venda para o público como forma de captação de recursos. Quando se compra um CDB, está se emprestando dinheiro àquela instituição bancária e, no tempo preestabelecido, recebe-se o valor emprestado acrescido de juros.

Os recursos captados pelos bancos em CDB e RDB são aplicados por estes em suas operações ativas, como empréstimos e financiamentos a pessoas físicas ou jurídicas, títulos públicos e privados, compulsórios etc. O CDB é negociado a partir da taxa bruta de juro anual sem levar em conta a tributação e a inflação.

Como investir

Em geral, é preciso ser correntista da instituição financeira. A maioria das instituições pede, como pré-requisito, que o investidor comprove sua renda para adquirir um CDB.

Antes de investir é preciso conhecer os produtos oferecidos pela instituição – e, de preferência, comparar com os disponíveis em outras.

A aquisição é feita normalmente junto ao gerente do banco ou assessor de investimento da instituição. O período de resgate em geral é de no mínimo 30 dias. Quanto maior o prazo, maior a rentabilidade.

Por se tratarem de títulos, não é possível para o investidor realizar aplicações adicionais, tal como ocorre com os fundos ou mesmo a caderneta de poupança. Assim, caso o investidor queira aumentar suas aplicações em CDB, terá que adquirir um outro título.

Alternativas de CDB

Podem ser pré ou pós-fixados. No caso de pré-fixado, o investidor sabe no momento da aplicação qual será seu rendimento. Já no caso do CDB pós-fixado, o lucro só é conhecido no momento do resgate. A rentabilidade será definida pela taxa de mercado (CDI), que pode variar bastante, afinal cada instituição financeira terá uma taxa de remuneração diferente, que varia conforme sua necessidade de caixa.Geralmente as instituições pagam taxas mais atrativas para as aplicações maiores.

Dificilmente um investidor perderá dinheiro no final de uma aplicação pós-fixada. O que pode acontecer é ganhar mais num mês, menos no outro ou, no final do período, ter um rendimento menor do que o esperado.

Valor mínimo

Assim como na poupança, o mínimo difere de banco para banco. Não há um valor exato. De qualquer maneira, o investimento costuma ser um pouco mais alto, girando em torno de R$ 1 mil.

Tributação

Caso o investidor necessite resgatar o título antes do prazo, o lucro será menor. Para resgates realizados em prazo inferior a 30 dias, o investidor estará sujeito à incidência de IOF de acordo com a tabela progressiva a seguir.

Prazo	%	Prazo	%
1	96	16	46
2	93	17	43
3	90	18	40
4	86	19	36
5	83	20	33
6	80	21	30
Prazo	%	Prazo	%
7	76	22	26
8	73	23	23
9	70	24	20
10	66	25	16
11	63	26	13
12	60	27	10
13	56	28	6
14	53	29	3
15	50	30	0

Tabela 8.1 – Tabela progressiva de IOF

Há ainda a cobrança do Imposto de Renda sobre o lucro obtido. Para aplicações de até seis meses, o investidor paga 22,5% de imposto. De 6 meses a 12 meses, a taxa cai para 20% e, de 13 a 24 meses, é cobrado 17%. No caso de aplicações com mais de dois anos, a taxa será de 15%.

Liquidez

O CDB funciona no esquema D+1, ou seja, o investidor solicita o resgate do título hoje e o dinheiro é creditado em sua conta amanhã.

Vantagens

As principais vantagens são:

- Possibilita ao investidor saber desde o início qual será o retorno de seu investimento.
- O investidor não tem o ônus das taxas de administração, como nos fundos de investimento; também o Imposto de Renda é cobrado no resgate ou na revenda/liquidação antecipada.
- Por se tratar de um investimento de renda fixa, é uma alternativa conservadora e de baixo risco, principalmente quando a escolha for por instituições sólidas.
- O imposto de renda sobre o CDB é regressivo de acordo com o tempo que permanece com o título.
- Assim como a caderneta de poupança, é garantido pelo Fundo Garantidor de Crédito até o valor de R$ 60 mil.
- Existem certas instituições financeiras que disponibilizam para o cliente mesas de investimento que auxiliam o investidor de acordo com suas expectativas.
- O CDB pode ser dado em garantia de outras operações, inclusive para pessoa jurídica.
- Geralmente o investimento em CDB é considerado pelos bancos como um dos componentes do portfolio de investimentos que reduz o risco e, portanto, as taxas cobradas nos empréstimos para o investidor, em particular as do cheque especial são menores.

Perfil do investidor

O CDB é uma alternativa de investimento de renda fixa de longo prazo e risco baixo. Se o cenário é de queda da taxas de juros, a melhor alternativa será um CDB pré-fixado. Caso contrário, a alternativa será um CDB pós-fixado.

Desvantagens

Caso o investidor precise do dinheiro antes do prazo de contrato de 30 dias, perderá até 96% do rendimento auferido no período devido à incidência de IOF (ver Tabela 8.1). Em caso de reversão da tendência da taxa de juros, o investidor pode também ter sua rentabilidade reduzida.

O risco maior do investimento em CDB está na solidez da instituição. Em caso de solvência da instituição, o investidor poderá perder dinheiro na operação.

Diferenças entre CDB e RDB

O Recibo de Depósito Bancário, o RDB, possui as mesmas características do CDB, com poucas diferenças. Uma delas é em relação à possibilidade de resgate, pois nos contratos de CDB, caso o investidor tenha uma emergência, existe a possibilidade de negociar o resgate antes do prazo programado. Nessa situação, o banco irá compatibilizar a taxa ao prazo em que o dinheiro foi investido. Para os RDBs essa possibilidade não existe. Se o investidor precisar dos recursos antes do vencimento, perderá todo o rendimento, recebendo apenas o valor aplicado.

Outra diferença entre eles é que no CDB é permitida a transferência de titularidade, e no RDB o título é intransferível.

Certificado de Depósito Interbancário (CDI)

É um certificado de depósito interfinanceiro que serve para a troca de reservas entre os bancos. É um título virtual e varia diariamente.

A taxa CDI representa o custo que o banco tem para fazer um empréstimo em outro banco. É o benchmark das aplicações em renda fixa. Por este motivo, os CDBs são remunerados conforme a taxa CDI, por exemplo: Uma instituição financeira qualquer define, em determinada data, que irá captar recursos via CDB, remunerando a uma taxa de 90% do CDI. Isso significa que, se a taxa CDI no período foi de 10%, um investidor que aplica neste produto terá uma rentabilidade bruta de 9% a.a.

Títulos Públicos via Tesouro Direto

Os títulos públicos são ativos de renda fixa que tem como finalidade primordial captar recursos para o financiamento da dívida pública, bem como para financiar atividades do Governo Federal, como educação, saúde e infraestrutura. Assim, quando uma pessoa compra um título público, está emprestando dinheiro ao governo. O órgão responsável pela emissão dos títulos é a Secretaria do Tesouro Nacional.

Anteriormente, as pessoas físicas compravam títulos públicos apenas indiretamente, por meio da aquisição de cotas de fundos de investimento. Os recursos provenientes das aplicações em fundos de investimento são utilizados pelas instituições financeiras para adquirir títulos públicos no mercado primário (leilões tradicionais do Tesouro Nacional) ou no mercado secundário (negociações com outros agentes). A partir da implantação do Tesouro Direto, os poupadores ganharam uma forma alternativa de aplicação de seus recursos com rentabilidade e segurança, sem a necessidade de intermediação financeira nas negociações.

Tesouro Direto

O Tesouro Direto é um programa de venda de título do governo a pessoas físicas, desenvolvido pelo Tesouro Nacional em parceria com a Companhia Brasileira de Liquidação e Custódia (CBLC).

No Tesouro Direto, o próprio investidor gerencia seus investimentos, que podem ser de curto, médio ou longo prazos. É ótima opção para quem quer investir com baixo custo, alta rentabilidade e liquidez quase imediata.

Como investir

Para poder operar no Tesouro Direto, é preciso estar cadastrado em banco ou corretora autorizada pela Secretaria do Tesouro Nacional. Caberá ao banco ou à corretora o papel de intermediar as negociações. No entanto, é o próprio investidor quem decide e quem escolhe quais títulos comprar e em qual momento deve negociá-los novamente, a não ser que ele prefira autorizar uma das instituições financeiras habilitadas a operar o Tesouro Direto em seu nome, realizando as compras e as vendas de seus títulos públicos.

Para se cadastrar no Tesouro Direto o investidor deve entrar em contato com a instituição escolhida, fornecer os dados cadastrais solicitados e enviar a documentação exigida. Em seguida, receberá uma senha no endereço eletrônico informado no cadastro.

Para o investidor que já possui ações e outros títulos custodiados na CBLC, poderá ser utilizada a mesma conta para custodiar os títulos públicos. Basta solicitar ao agente de custódia o envio da senha provisória para acesso ao Tesouro Direto.

Como comprar e como vender

Comprar e vender títulos é muito simples: é só acessar a área exclusiva do Tesouro Direto; para isso, o usuário deverá informar seu CPF[2] e senha na página do Tesouro Direto[3] e efetuar as compras. As transações são feitas pelo próprio investidor ou por meio de algum dos bancos ou corretoras habilitados no Tesouro Direto (agente de custódia), com a devida autorização do titular, de três maneiras distintas:

- diretamente no site do Tesouro Direto, com a senha individual;
- por meio de um agente de custódia; essa opção é ideal para quem não tem acesso à internet ou, por algum motivo, não deseja comprar pessoalmente;
- diretamente no site do agente de custódia; alguns bancos e corretoras habilitados integraram seus sites ao do Tesouro Direto. Isso significa que é possível negociar títulos públicos no site da própria instituição financeira em tempo real e com os mesmos preços e taxas do site do Tesouro Direto. Todavia, essa opção está disponível somente em algumas corretoras e bancos.

---

2 Somente investidores residentes no Brasil poderão ser cadastrados pelos agentes de custódia.

3 www.tesouro.fazenda.gov.br.

Ao acessar a área exclusiva do Tesouro Direto, deve ser informado a quantidade ou valor financeiro de cada título que se pretende comprar ou vender. Uma vez escolhidos todos os títulos, o sistema irá conferir os limites por CPF, verificar a disponibilidade dos títulos e solicitar a confirmação.

Após a confirmação da compra do título, o sistema do Tesouro Direto informará a data limite para que os recursos necessários à aquisição estejam disponíveis na conta do agente de custódia. Então o investidor deve entrar em contato com seu agente de custódia para saber os dados da conta na qual irá depositar o dinheiro.

Uma vez comprados os títulos, o titular pode aguardar o vencimento do papel (data predeterminada para resgate do título), quando os recursos serão depositados em sua conta. Ou, caso deseje, você mesmo poderá vendê-los antecipadamente ao Tesouro Nacional nas recompras semanais, realizadas às quartas-feiras, pelo preço vigente no mercado.

Quando se tratar de uma venda, a CBLC, após receber do Tesouro Nacional o valor referente aos títulos, debita os títulos da conta de custódia do vendedor e repassa o dinheiro para o agente de custódia, responsável pelo recolhimento dos impostos e o repasse do dinheiro.

Escolha dos títulos

Uma das principais vantagens do Tesouro Direto é a possibilidade de o investidor montar sua carteira de acordo com seus objetivos, adequando prazos de vencimento e indexadores às suas necessidades.

Os títulos públicos adquiridos no Tesouro Direto são considerados ativos de renda fixa porque o rendimento pode ser dimensionado no momento da aplicação, ao contrário dos ativos de renda variável (ações etc.), cujo retorno não pode ser estimado no instante da aplicação. Em face da menor volatilidade dos ativos de renda fixa, esse tipo de investimento é considerado mais conservador do que os ativos de renda variável, ou seja, apresenta risco menor. Porém, o fato de ser considerado ativo de renda fixa não quer dizer que os preços e taxas dos títulos públicos do Tesouro Direto não apresentem variação ao longo do tempo. Os títulos públicos são marcados a mercado, o extrato/saldo do investidor reflete o preço de mercado dos títulos. Dessa forma, havendo queda nos preços negociados no mercado, o saldo do investidor cairá. Por outro lado, se houver valorização do título, o saldo do investidor aumentará.

O Tesouro Nacional não pode afirmar se o investidor obterá ganho ou perda financeira no caso de venda antecipada; essa definição dependerá das condições de mercado na referida data. Entretanto, se o investidor "carregar" os títulos de sua carteira até a data de vencimento, receberá o valor correspondente à rentabilidade bruta pactuada no momento da compra.

Entre os títulos públicos ofertados, o investidor deve escolher aqueles cujas características sejam compatíveis com seu perfil. Há títulos de curto, médio e longo prazos e indexados a índices de inflação, taxa Selic ou pré-fixados. Veja a seguir as características dos títulos, as vantagens e os riscos envolvidos.

Letras do Tesouro Nacional (LTN)

Por se tratar de título pré-fixado, o investidor tem a exata noção do retorno do título, se resgatá-lo até a data de vencimento.

Vantagens

- O investidor sabe exatamente a rentabilidade a ser recebida até a data de vencimento.
- O investidor sabe exatamente o valor bruto a ser recebido por unidade de título na data de vencimento (R$ 1 mil).
- Tem fluxo simples: uma aplicação e um resgate.
- Maior disponibilidade de vencimentos para a negociação no Tesouro Direto.
- Indicado para o investidor que acredita que a taxa pré-fixada será maior do que a taxa de juros básica da economia.

Desvantagens

- Rendimento nominal. O investidor está sujeito à perda de poder aquisitivo em caso de alta de inflação.
- O investidor que não conseguir "carregar" o título até o vencimento pode ter rentabilidade maior ou menor do que a acordada.

Perfil do investidor: menos conservador

Notas do Tesouro Nacional – Série F (NTN-F)

Como a LTN, o investidor sabe exatamente o retorno do título se resgatá-lo até a data de vencimento. Entretanto, no caso da NTN-F, o investidor recebe um fluxo de cupons semestrais de juros, o que pode possibilitar aumento de liquidez e reinvestimentos.

Vantagens

- O investidor sabe exatamente a rentabilidade a ser recebida até a data de vencimento.
- O investidor sabe exatamente o valor bruto a ser recebido por unidade de título na data de vencimento (R$ 1 mil).
- Indicado para o investidor que deseja obter um fluxo de rendimentos periódicos (cupons semestrais) a uma taxa de juros predefinida.
- Ideal para o investidor que acredita que a taxa pré-fixada será maior que a taxa de juros básica da economia.

Desvantagens

- Rendimento nominal. O investidor está sujeito à perda de poder aquisitivo em caso de alta de inflação e juros.
- O investidor que não conseguir "carregar" o título até o vencimento pode ter rentabilidade maior ou menor do que a acordada.

Perfil do investidor: menos conservador

Notas do Tesouro Nacional – Série B (NTN-B)

Permite ao investidor obter rentabilidade em termos reais, protegendo-se da elevação do IPCA. Além disso, o investidor recebe um fluxo de cupons semestrais de juros, o que aumenta a liquidez e possibilita reinvestimentos.

Vantagens

- Proporciona rentabilidade real.
- Possibilita a obtenção de fluxo de rendimentos periódicos (cupons semestrais).
- Proporciona rentabilidade pós-fixada indexada ao IPCA.
- Possibilita o desenvolvimento de poupança de médio/longo prazos, inclusive para aposentadoria, compra de casa e outros.

Desvantagens

- Preço do título flutua em função da expectativa de inflação dos agentes financeiros. O investidor que não conseguir "carregar" o título até o vencimento pode ter rentabilidade maior ou menor do que a acordada.

Perfil do investidor: conservador

NTN-B Principal

Permite ao investidor obter rentabilidade em termos reais, protegendo-se da elevação do IPCA.

Vantagens

- Proporciona rentabilidade real.
- Possibilita rentabilidade pós-fixada indexada ao IPCA.
- Ideal para o investidor que deseja fazer poupança de médio/longo prazos, inclusive para aposentadoria, compra de casa própria etc.
- Traz mais conforto ao investidor, pois suprime a preocupação e o trabalho necessários ao reinvestimento e reduz o custo de transação.

■ Formação de preços simplificada, com metodologia de cálculo mais fácil para o investidor em relação à NTN-B que paga cupom de juros semestral.

Desvantagens

■ Preço do título flutua em função da expectativa de inflação dos agentes financeiros. O investidor que não conseguir "carregar" o título até o vencimento pode ter rentabilidade maior ou menor do que a acordada.

Perfil do investidor: conservador

Letras Financeiras do Tesouro (LFT)

Vantagens

■ Indicado para o investidor que deseja uma rentabilidade pós-fixada indexada à taxa de juros da economia (Selic).

■ Fluxo simples: uma aplicação e um resgate.

Desvantagem

■ Preço do título flutua em função da expectativa de taxa de juros dos agentes financeiros.

Perfil do investidor: mais conservador

Como podemos observar, há títulos pré-fixados, com rendimento definido no momento do investimento, e pós-fixados, que oferecem lucro variável de acordo com a inflação. Para quem tem receio de ficar à mercê das turbulências do mercado, os títulos mais indicados são os com rendimento fixado. Já aqueles que desejam lucros maiores e, para isso, se predispõem a ousar um pouco mais, devem apostar nos pós-fixados.

Os títulos podem ser escolhidos de acordo com a forma ou o fluxo de pagamento. Há os títulos que pagam juros semestrais (cupom semestrais) e na data do vencimento realizam o pagamento do título, e os títulos em que o pagamento é único e feito na data de vencimento do título ou de seu resgate.

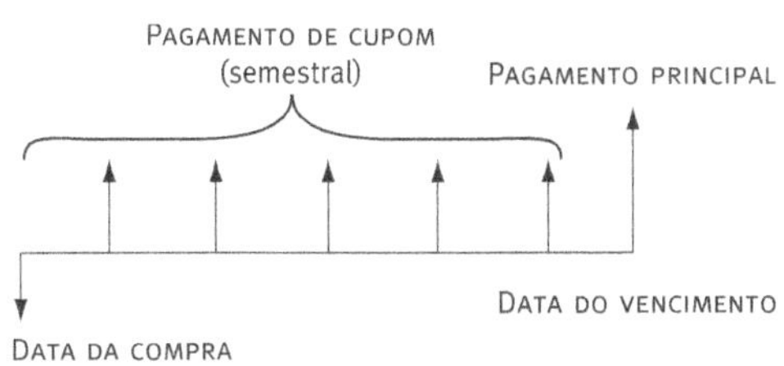

Figura 8.1 – Juros periódicos (juros cupom) semestrais e principal no vencimento

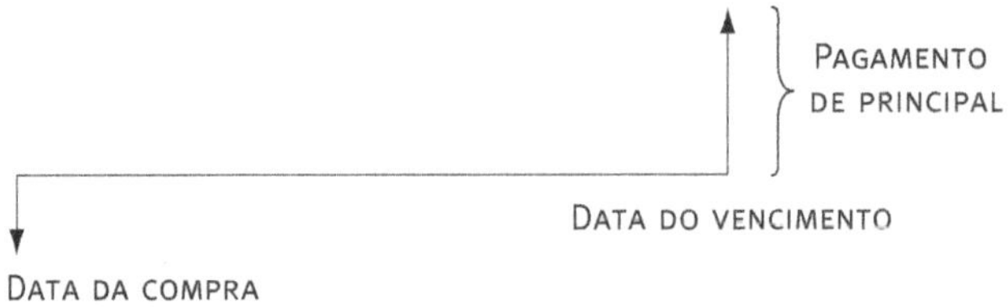

Figura 8.2 – No vencimento: principal + juros no vencimento

Então, de acordo com a expectativa do tipo de rentabilidade e do fluxo de pagamento desejado, é possível, por meio da Figura 8.3, escolher qual o título desejado e que melhor se adapta à expectativa do investidor.

	PRÉ-FIXADO	PÓS-FIXADO
NO VENCIMENTO	**LTN – Letras do Tesouro Nacional**	**NTN-B Principal Nota do Tesouro Nacional – série B:** título com rentabilidade vinculada à variação do IPCA
CUPOM SEMESTRAL + PRINCIPAL	**NTN-F Principal Nota do Tesouro Nacional – série F**	**LTF – Letras Financeiras do Tesouro:** títulos com rentabilidade diária vinculada à taxa Selic **NTN-B – Nota do tesouro Nacional – série B:** título com rentabilidade vinculada à variação do IPCA

Figura 8.3[4] – Classificação dos títulos públicos

Investimento mínimo

Os títulos são ofertados em frações de 0,2 título, e essa é a quantidade mínima possível de ser comprada. Assim, para saber o valor mínimo que pode ser investido, basta multiplicar o valor de 1 título por 0,2.

O valor varia de acordo com o título escolhido. Mas, em geral, há opções que vão de R$ 100 a R$ 300 mil.

Resgate

Cada título tem um prazo definido, que deve ser observado antes da aplicação. O vencimento pode variar de um mês a 25 anos. Mas, caso o investidor precise de dinheiro antes do prazo, conforme citado anteriormente, o Tesouro Nacional garante a recompra do título, todas as quartas-feiras, pelo valor de mercado, a partir das 9, até às 5 horas de quinta-feira.

4 Títulos disponíveis em maio de 2010. Nada impede que o Tesouro Nacional crie outras opções. No site www.tesouro.fazenda.gov.br estão disponíveis diariamente os papéis oferecidos pelo governo.

Assim que o título foi vendido em D+1 (dia seguinte da venda), o pagamento será contemplado na conta do vendedor. Não há prazo de carência para o investidor revender os títulos ao Tesouro Direto, nem limite do valor da recompra. Ressalta-se apenas que os títulos públicos são recomprados aos preços de mercado na referida data.

Custos

Há dois tipos de custo para investir no Tesouro Direto. O primeiro é fixo e corresponde à taxa paga à CBLC. O segundo é variável e está relacionado às taxas cobradas pelas corretoras para prestar esse serviço ao investidor.

Taxa CBLC – é uma taxa fixa de 0,4% sobre o valor aplicado paga anualmente. Corresponde ao gasto que o investidor terá para deixar seus títulos guardados (custodiados) na CBLC.

Taxa de corretagem ou de administração – é uma taxa que varia conforme a corretora. Há corretoras que não cobram nada e utilizam o Tesouro Direto para aumentar a base de clientes, afinal, o principal negócio das corretoras é o mercado de ações. No site do Tesouro Direto, há um *ranking* dos agentes de custódia por taxa de administração, da mais barata à mais cara.

Tributação

Na aplicação em títulos públicos, o imposto é pago somente no vencimento ou no resgate da aplicação. Da mesma maneira que o CDB, quanto mais tempo o dinheiro ficar aplicado, menor é a alíquota de incidência do IR.

Para aplicações de até seis meses, o investidor paga 22,5% de imposto. De 6 a 12 meses, a taxa cai para 20% e, de 13 a 24 meses, é cobrado 17%. No caso de aplicações com mais de dois anos, a taxa será de 15%.

Nos investimentos de prazo inferior a 30 dias há também incidência de IOF.

A taxa Selic

A taxa Selic reflete o custo do dinheiro para empréstimos bancários, com base na remuneração dos títulos públicos. Em outras palavras, essa taxa é usada para operações de curtíssimo prazo entre os bancos, que, quando querem tomar recursos emprestados de outros bancos por um dia, oferecem títulos públicos como lastro (garantia), visando a reduzir o risco e, consequentemente, a remuneração da transação (juros). Assim, como o risco final da transação acaba sendo efetivamente do governo – pois seus títulos servem de lastro para a operação, e o prazo é o mais curto possível, ou de apenas um dia –, essa taxa acaba servindo de referência para todas as demais taxas de juros da economia.

A Selic não é uma taxa fixa e varia praticamente todos os dias, mas dentro de um intervalo muito pequeno, uma vez que, na maioria das vezes, ela tende a se aproximar da meta da Selic, que é determinada oito vezes por ano pelo Comitê de Política Monetária (Copom).

MERCADO DE AÇÕES

Quanto mais desenvolvida a economia de um país, mais ativo será seu mercado de ações, pois um maior número de empresas se interessará em abrir seu capital para arrecadar recursos via bolsa de valores. Consequentemente, mais pessoas físicas e jurídicas terão interesse em adquirir esses títulos. Aos comprá-los, o investidor passa a ser também sócio da empresa – um acionista.

BM&FBOVESPA

A Bovespa é o único centro de negociações no Brasil e o maior da América Latina, com cerca de 70% de volume de negócios realizados na região. Sua história começa em 1890, quando um grupo liderado por Emilio Rangel Pestana inaugurou a Bolsa Livre. Em 1891, ela foi fechada pela política do encilhamento, mas em 1895 a evolução do mercado de capitais brasileiros foi novamente impulsionada pela fundação da Bolsa de Fundos Públicos de São Paulo. Nessa época as negociações eram registradas em enormes quadros-negros de pedra, para que todos as pudessem acompanhar, fator que levou esse período inicial da história da bolsa a ser conhecido como Idade da Pedra. Desde então muita coisa mudou. Em 1972, ela foi a primeira bolsa brasileira a implementar o pregão automatizado, com informações on-line e em tempo real, por meio de uma ampla rede de terminais de computador. Entre 2000 e 2006, todas as demais bolsas de valores brasileiras foram incorporadas à Bovespa, que passou a concentrar toda a negociação de ações no Brasil. Até os dias de hoje, a bolsa paulista passa por constantes aperfeiçoamentos de sua estrutura. As mudanças mais recentes ocorreram em 2007, quando uma reestruturação societária resultou na criação da Bovespa Holding, que tem como subsidiárias integrais a Bolsa de Valores de São Paulo (BVSP), responsável pelas operações dos mercados de bolsa e de balcão organizado, e a Companhia Brasileira de Liquidação e Custódia (CBLC), que presta serviços de liquidação, compensação e custódia; e, posteriormente, em 2008, quando houve a integração da Bovespa Holding S.A. e da BM&F S.A., com a criação da BM&FBOVESPA S.A., uma das maiores bolsas do mundo em valor de mercado.

Investimento em ações

Comprar ações é uma forma de tornar-se sócio de uma empresa, portanto, é um empreendimento e, como todo negócio, não é algo que se entre hoje para sair amanhã. Investir no mercado acionário pode ser encarado como algo para a formação de patrimônio; uma poupança de longo prazo, porém melhor remunerada.

Rendimento no longo prazo

A estabilidade da moeda e da economia brasileira nos últimos anos permitiu que o mercado de capitais se ampliasse. Assim, cada vez mais empresas abriram seu capital, negociando suas ações na BM&FBOVESPA, a fim de captar recursos financeiros para novos investimentos. Esse volume arrecadado pelas companhias é reinvestido em seu próprio crescimento, formando um ciclo virtuoso. Quanto mais desenvolvida estiver a economia, mais oportunidades surgem para pessoas, empresas e instituições. A tendência é que, numa economia estável e em desenvolvimento, o rendimento das ações supere outras aplicações em longo prazo.

O que não quer dizer que isso seja padrão, pois a rentabilidade passada nada tem a ver com as possibilidades futuras. A única certeza é que enquanto o mercado estiver se desenvolvendo e a economia do país for saudável, mais empresas tenderão a expandir seus negócios e, com isso, trazer maior retorno para o investimento em ações.

Tipos de ações

Ações ordinárias (ON)

É o tipo de ação que concede o direto de voto nas assembleias da companhia ao seu detentor, além da participação dos resultados da companhia.

Ações preferenciais (PN)

São ações que, geralmente, apenas participam dos resultados da companhia, mas não concedem o direito de voto. Dependendo do estatuto da companhia, podem ter direito a voto em algumas situações e garantia de dividendos mínimos.

Ganho do acionista

Ao investir em ações, o indivíduo espera que haja a valorização da ação; dessa forma, pode vendê-la por um preço acima do que foi comprado. Além disso, pode receber dividendos, que é a distribuição feita em dinheiro da apuração dos resultados. Ao fim de cada exercício social – período de 12 meses corridos –, havendo lucro líquido, a companhia distribui uma parcela do valor aos acionistas de acordo com um percentual definido na Assembleia Geral Ordinária de Acionistas.

Bonificações

Outro benefício do acionista é a bonificação, que é a distribuição gratuita de novas ações em número proporcional às que já possuem. Excepcionalmente, também pode ocorrer a distribuição da bonificação em dinheiro. Isso acontece quando a empresa aumenta seu capital por conta da incorporação de reservas ou lucros.

Corretora de valores

Somente as corretoras estão habilitadas a executar operações de compra e venda de ações ou de derivativos na Bovespa. Elas são instituições autorizadas pelo Banco Central e pela Comissão de Valores Mobiliários (CVM).

No site da instituição[5] há a relação completa das empresas cadastradas. É a segurança de que seu dinheiro será bem investido. As corretoras contam com profissionais qualificados que podem ajudar muito os investidores a aplicar seu capital da melhor forma, dando suporte e informações necessários para um melhor resultado.

A partir da lista de corretoras autorizadas pela Bovespa, o investidor pode escolher aquela que melhor atenda seus objetivos; cada uma delas tem uma forma de cobrar por seus serviços e também de atender a seus clientes.

Algumas trabalham com uma taxa fixa cobrada por aplicação. Outras, com um percentual sobre o valor investido, operando com poucos clientes e de forma exclusiva.

Como operar no mercado de ações

Basicamente, o investidor pode operar a compra e a venda das ações de duas formas, por meio do *home broker* ou da mesa de operações.

Por meio do *home broker*, o cliente opera via internet de qualquer lugar do mundo. O *home broker* está conectado diretamente ao sistema de negociação da Bovespa e permite o envio de ordens de compra e venda de ações, via portal da corretora escolhida para operar os negócios. No site da empresa também há uma série de informações financeiras, dados importantes para que o cliente possa embasar melhor suas decisões.

Quando opera pela mesa de operações, o cliente emite suas ordens via telefone, MSN ou e-mail para a mesa de operações, consulta analistas e toma conhecimento de informações do mercado acionário.

O investidor, depois de devidamente orientado pelos especialistas da corretora escolhida, dá a ordem de compra e venda de uma ação por meio da mesa de operações ou do *home broker*.

A corretora recebe a ordem de compra ou de venda por parte de seu cliente e a executa no pregão. Se a ordem foi de venda, ela deve entregar as ações vendidas à Bovespa para posteriormente receber o valor desses títulos para seu cliente. Se a ordem foi de compra, a corretora deve efetuar o pagamento das ações e posteriormente receber os títulos para seu cliente.

A liquidação físico-financeira é concluída quando o título é transferido para o novo proprietário e o recebimento do montante financeiro é recebido pelo vendedor.

O processo completo entre compra/venda e recebimento do dinheiro ou das ações demora três dias úteis (D3) após a data da negociação no pregão, por meio do seguinte fluxo de liquidação:

- D+0 – dia da operação;
- D+1 – prazo para as corretoras especificarem as operações por elas executadas na Bolsa;
- D+2 – entrega e bloqueio dos títulos para liquidação física da operação, caso ainda não estejam na custódia da CBLC;

5 www.bmfbovespa.com.br.

- D+3 – liquidação física e financeira da operação, ou seja, a demora é de três dias úteis após o dia da operação.

Formação de preço

O preço das ações é estabelecido no pregão. Como em todos os mercados, o preço depende fundamentalmente da equação oferta *versus* procura. A maior ou menor oferta e procura por determinado papel está diretamente relacionada ao comportamento histórico dos preços e, sobretudo, às perspectivas futuras da empresa emissora (política de dividendos, expectativas de expansão do mercado em que ela atua, aumento de seus lucros, influência da política econômica na atividade que desempenha, entre outros fatores).

Lote-padrão

Para assegurar um preço adequado aos ativos negociados nos pregões, a Bovespa, seguindo critérios próprios de análise, determina lotes-padrão (quantidade mínima de ações para negociação) para cada título negociado. Assim, as ações são negociadas em lotes, e não unitariamente. Existe, porém, a possibilidade de negócios com quantidades de ações inferiores a esse lote-padrão. Essas frações do lote são negociadas no mercado fracionário.

Riscos

Quando o dinheiro é aplicado na caderneta de poupança ou em outros produtos de renda fixa oferecidos pelo mercado, há uma garantia de que haverá um rendimento, seja ele qual for. No investimento em ações não há esta garantia.

Além dos riscos específicos da empresa e do setor no qual elas estão inseridas, temos riscos econômicos, guerras, entre outros. Esses fatores podem fazer com que os ativos se desvalorizem. O importante é o investidor identificar esses movimentos e buscar proteção.

A forma mais segura de conseguir bons retornos investindo em ações é comprando papéis de empresas bem geridas, que apresentem lucros sólidos e crescentes, e não ter pressa de vendê-los. O investidor deve buscar critérios de avaliação de empresas para analisar seus fundamentos e não se preocupar com as oscilações de curto prazo das cotações das suas ações (volatilidade). O risco no investimento em ações é justamente vender por preços "injustos" seus papéis num momento de volatilidade, o que é normal em um mercado que contém liquidez.

Em longo prazo, os bons fundamentos das empresas devem prevalecer, de forma que a valorização aconteça. Uma empresa com histórico de crescimento contínuo terá sempre grande demanda por suas ações, fazendo com que elas sejam negociadas em grandes quantidades e a preços crescentes. Identificá-las é o desafio do investidor.

Veja alguns exemplos:

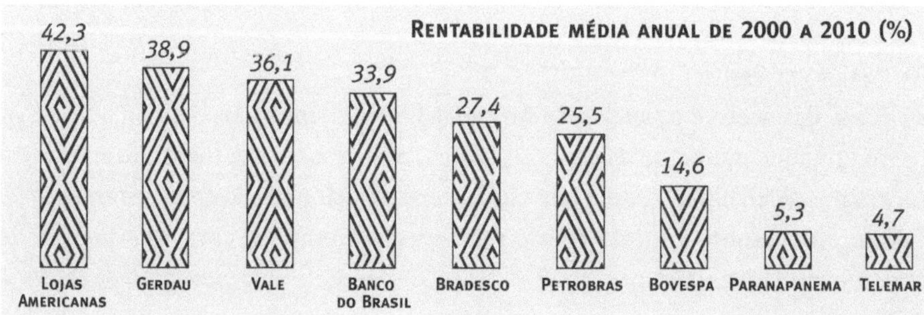

Figura 8.4

Índice Bovespa (Ibovespa)

O Índice Bovespa (Ibovespa) é o mais importante indicador do desempenho médio das cotações das ações negociadas na Bolsa de Valores de São Paulo. É formado pelas ações com maior volume negociado nos últimos meses. O valor atual representa a quantia, em moeda corrente, de uma carteira teórica de ações, constituída em 2 de janeiro de 1968, a partir de uma aplicação hipotética. Atribuiu-se o valor-base de 100 a um lote padrão cuja carteira se avoluma sem receber mais nenhum aporte, com o acréscimo exclusivo de proventos gerados pelas ações que compõem o lote-padrão, tais como a reinversão de dividendos, exercício de direitos e recebimento de bonificações.

Investimento mínimo

Não há um valor mínimo exigido para aplicar na Bolsa. Isso varia em função da forma como se pretende investir, da carteira de ações que se deseja montar e, até mesmo, da corretora que se escolhe para operar os investimentos.

Formas de investimento

Individualmente: sozinho, o investidor procura uma corretora, contrata seus serviços e, com ajuda dos profissionais da empresa, escolhe as ações em que pretende investir.

Coletivamente, por meio de clubes de investimento: um grupo de pessoas reúne seu capital, elege um representante e procura uma corretora para formar um clube de investimentos. A partir de então, embora as decisões de aplicação sejam tomadas por todo o grupo, o representante fica encarregado de transmitir à corretora as decisões de compra e venda de ações. Esse clube é registrado na Bovespa e fiscalizado por ela e pela CVM, e deve ter um estatuto e apresentar uma série de documentos para que possa operar. Todo processo burocrático fica a cargo da corretora escolhida, que auxiliará o grupo em toda a documentação necessária.

Coletivamente, por meio de fundos de investimento em ações: o investidor compra cotas de um fundo de ações administrado por uma empresa profissional e gerido por um gestor de recursos, autorizado pela CVM. Nesse caso, cada fundo tem suas próprias carteiras de ações, administradas por especialistas.

Tributação – Imposto de Renda

A alíquota do imposto de renda sobre os ganhos líquidos auferidos em operações realizadas no mercado à vista, em bolsa de valores, de mercadorias, de futuros e assemelhadas é de 15%.

Nas operações de *day trade*, dentro do dia, as alíquotas são de 1,0% na fonte e de 20% no final de cada período de apuração.

Para quem investe em fundos de ações e clubes de investimento, a tributação também é de 15%, aplicada no resgate de cotas.

Estão isentos de imposto de renda os ganhos líquidos de pessoa física em operações no mercado à vista de ações, cujo valor das vendas realizadas em cada mês seja igual ou inferior a R$ 20 mil.

Quando ocorrer a transferência de titularidade de ações negociadas fora de Bolsa, a entidade encarregada do registro deverá exigir o documento de arrecadação de receitas federais que comprove o pagamento do imposto de renda sobre o ganho de capital incidente na alienação, ou declaração do alienante sobre a inexistência de imposto devido.

Perfil do investidor em renda variável

É importante que se entenda o verdadeiro sentido de investir em ações. É possível investir em ações em curto e longo prazos. Quando se investe em curto prazo, procura-se aproveitar o sobe e desce das cotações, ou seja, a volatilidade, para buscar boas oportunidades de negócio. Quando se investe em longo prazo, o objetivo é outro. Nesse caso, o investidor compra uma ação com a expectativa de que a empresa, do qual ele é acionista, cresça e, consecutivamente, valorize as ações. Portanto, ao investir em ações, o investidor deve antes de tudo definir seu horizonte de investimento, se é em longo ou em curto prazo, para então definir a estratégia que mais combina com seu perfil.

FUNDOS DE INVESTIMENTO

Os fundos de investimento funcionam como uma sociedade de investidores organizados por uma instituição financeira ou por um administrador de recursos. Nessa sociedade, cada investidor entra com o dinheiro que quiser investir, comprando cotas do fundo, e pode retirar igualmente quando quiser, vendendo suas cotas. É uma comunhão de recursos sob a forma de condomínio no qual os cotistas têm os mesmos interesses e objetivos ao investir no mercado financeiro e de capitais. Ao comprar cotas de um determinado fundo, o cotista está aceitando suas regras de funcionamento, e passa a ter os mesmos direitos dos demais, independentemente da quantidade de cotas que cada um possui.

Quem presta serviço aos fundos de investimento?

Figura 8.5

ADMINISTRADOR

Os administradores de fundos são as instituições financeiras responsáveis legais perante os órgãos normativos e reguladores, CVM e Banco Central. Além disso, determinam a política e o regulamento de cada fundo.

A administração do fundo compreende o conjunto de serviços relacionados direta ou indiretamente ao funcionamento e à manutenção do fundo, que podem ser prestados pelo próprio administrador ou por terceiros por ele contratados, por escrito, em nome do fundo.

O administrador poderá contratar, em nome do fundo, os seguintes serviços:

- a empresa para realizar a auditoria independente;
- a gestão da carteira do fundo;
- a consultoria de investimento;
- as atividades de tesouraria, de controle e processamento dos títulos e valores mobiliários;
- a distribuição das cotas;
- a escrituração da emissão e resgate de cotas;
- a custódia de títulos, valores mobiliários e demais ativos financeiros;
- a classificação de risco por agência especializada constituída no país.

Gestor

O gestor é responsável pelas decisões de investimento do fundo segundo a política de investimento determinada em seu regulamento. Sua principal atribuição é escolher as ações que irão compor a carteira do fundo, selecionando aquelas com melhor perspectiva de rentabilidade, dado determinado nível de risco. Pode ser a mesma instituição financeira responsável pela administração do fundo, desde que mantenha diretoria constituída para exercer somente essa atividade.

Existem empresas especializadas que realizam a gestão de seus fundos conhecidas como *asset managers*. Compostas por profissionais especializados que acompanham o mercado, essas empresas procuram definir os melhores momentos de compra e venda e decidem quais ativos comporão a carteira do fundo.

Custodiante

O serviço de custódia compreende a liquidação física e financeira das ações, sua guarda, bem como a administração e a informação de proventos associados. O serviço não envolve negociação ou qualquer tipo de aconselhamento sobre o investimento. A custódia permite a segregação de funções entre quem toma a decisão de investimento e quem faz a liquidação financeira e a guarda dos ativos, trazendo mais transparência e segurança para o processo.

O custodiante de um fundo de ações recebe os dividendos e bonificação. Exerce também os direitos de subscrição, dentro do prazo estabelecido.

Distribuidor

O distribuidor é responsável por vender as cotas do fundo de investimento aos investidores e pelo cadastramento e identificação do cotista. É ele que se comunica diretamente com o cotista.

O administrador pode ser o próprio distribuidor de fundos, situação comum nos grandes bancos de varejo, ou pode contratar terceiros para esse serviço, uma sociedade corretora ou distribuidora, por exemplo.

Cotista

Se o gestor é responsável pelas decisões de investimento do fundo, ao investidor cabe escolher os fundos de acordo com seus objetivos e expectativas e decidir pela aplicação mais adequada, considerando quando e o que pretende fazer com seus rendimentos.

Cabe salientar que o fundo é uma pessoa jurídica e não pertence à administradora ou à gestora de recursos. Todos os ativos que compõem a carteira de investimento do fundo de ações pertencem ao fundo e, portanto, aos cotistas do fundo. Isso significa que o dinheiro aplicado num fundo está resguardado de qualquer eventual problema financeiro que a administradora ou a gestora venha a ter. Os lucros e perdas são distribuídos igualmente entre os cotistas na valorização ou desvalorização da cota.

Cotistas	Fundo de Investimento	Carteira
O cotista une seus recursos aos de outros investidores.	• Pessoa Jurídica • Administrado por uma instituição financeira • Gestão Profissional • Auditoria Externa	Cotistas recebem quantidade "x" de cotas, proporcional ao valor investido.

Figura 8.6

As demonstrações contábeis do fundo devem ser auditadas anualmente por auditor independente registrado na CVM, observadas as normas que disciplinam o exercício dessa atividade.

Cálculo da cota

Uma cota é uma fração de um fundo. O patrimônio de um fundo de investimento é a soma de todas as cotas que foram compradas pelos diferentes investidores. O valor da cota é resultante da divisão do patrimônio líquido do fundo pelo número de cotas existentes.

$$\text{Valor Atualizado da Cota} = \frac{\text{Patrimônio}}{\text{Quantidade de Cotas}}$$

$$\text{Valor Atualizado da Cota} = \frac{\text{Valor dos ativos} - \text{Despesas do Fundo}}{\text{Quantidade de Cotas}}$$

Valor dos ativos: São os títulos que compõem a carteira do fundo naquela data.

Despesas do fundo: São as taxas de administração e os custos operacionais.

Quando o investidor aplica seu dinheiro no fundo, está comprando uma determinada quantidade de cotas, cujo valor é diariamente apurado. As instituições informam o valor das cotas dos fundos nos principais jornais ou na internet.

Cálculo da Quantidade de Cotas

A	B
1,12340	**R$ 1.123,40**
Valor da Cota	Valor do Investimento

Quantidade de Cotas: (B/A) **1.000**

Figura 8.7

Para calcular quanto o investidor obteve de rendimento, basta calcular a variação da cota do dia da aplicação em relação ao valor da cota atual. Por exemplo:

Cálculo da Rentabilidade

A	B
1,3450	**1,000**
Última cota do período	Primeira cota do período
Rentabilidade em %: [(A/B) – 1 x 100	**34,50%**

Figura 8.8

Para apurar o valor atual do investimento, basta multiplicar a quantidade de cotas que ele possui pelo valor da cota no dia.

Em um fundo de investimento, o valor da cota se altera diariamente, mas a quantidade de cotas adquiridas é sempre a mesma, exceto se o investidor fizer um resgate ou uma nova aplicação.

Exemplo do cálculo da cota de um fundo de ações:

Patrimônio líquido: R$ 1.000.000,00
Quantiade de cotas: 1.000.000

$$\text{Valor da cota} = \frac{\text{R\$ } 1.000.000{,}00}{1.000.000} = \text{R\$ } 1{,}00$$

Figura 8.9

Valorizacão de 10%

Patrimônio líquido: R$ 1.100.000,00
Quantiade de cotas: 1.000.000

$$\text{Valor da cota} = \frac{\text{R\$ } 1.100.000{,}00}{1.000.000} = \text{R\$ } 1{,}10$$

Figura 8.10

Aporte de R$ 110.000,00

Patrimônio líquido: R$ 1.210.000,00
Quantiade de cotas: 1.000.000

$$\text{Valor da cota} = \frac{\text{R\$ } 1.210.000{,}00}{1.100.000} = \text{R\$ } 1{,}10$$

Figura 8.11

RECEBIMENTO DE DIVIDENDOS – R$ 121.000,00

PATRIMÔNIO LÍQUIDO: R$ 1.331.000,00
QUANTIADE DE COTAS: 1.100.000

$$\text{Valor da cota} = \frac{\text{R\$ } 1.331.000,00}{1.100.000} = \text{R\$ } 1,21$$

Figura 8.12

TAXAS E DESPESAS

Taxa de administração

Esta é a taxa mais frequentemente cobrada pelos fundos. É quanto os cotistas devem pagar pela prestação de serviço do gestor, do administrador e das demais instituições presentes na operacionalização do dia a dia. A taxa de administração pode variar muito de instituição para instituição e de produto para produto, e ela é um percentual ao ano sobre o patrimônio do fundo.

Nem sempre há uma relação direta ou oposta entre o valor da taxa de administração e o desempenho do fundo. É necessário verificar o que está incluído no valor cobrado, e o mais importante: se a política de investimento do fundo está de acordo com seus objetivos.

Importante: quando o administrador divulga a rentabilidade de um fundo, ela já é líquida de taxa de administração. Para saber qual a taxa de um fundo, procure consultar o prospecto.

Taxa de performance

Esta é a taxa cobrada do cotista quando a rentabilidade do fundo supera a de um indicador de referência, conhecido como benchmark, e serve para remunerar uma boa gestão. Esse indicador é previamente estabelecido desde a criação do fundo, e o cotista tem conhecimento dele antes mesmo de fazer a aplicação. A taxa de performance é cobrada somente sobre a rentabilidade que ultrapassar o benchmark, e existe uma periodicidade mínima para sua cobrança. Como nem todo fundo cobra essa taxa, toma-se conhecimento disso consultando o prospecto.

Exemplo:

Se um fundo de ações apresenta taxa de performance de 20% sobre o que exceder a variação do Ibovespa, significa que, se a rentabilidade do fundo ultrapassar esta marca, o cotista ficará com 80% do excedente.

- Rendimento do Fundo no ano: 30%
- Variação do Ibovespa no ano: 20%
- Excedente que incidirá sobre a performance: 10%
- Taxa de performance ou remuneração extra que será paga: 2%

DESPESAS

O fundo pagará suas despesas de acordo com o que está determinado em seu regulamento. O administrador pode cobrar do fundo despesas com impressão, expedição e publicação de relatórios financeiros; envio de correspondências com convocações e comunicados aos cotistas; honorários de auditores independentes; custos de corretagem; despesas com registro e cartório.

Diariamente, todas essas despesas são provisionadas na contabilidade do fundo. Portanto, a rentabilidade divulgada, ou seja, o ganho que efetivamente o cotista teve em seu investimento, já é descontada do valor de todas as despesas.

Aplicações e resgates em fundos de investimentos

Cada fundo define o valor mínimo para a aplicação inicial e para os movimentos adicionais. Os valores exigidos pelas administradoras de recursos de terceiros variam conforme sua política de investimento, composição da carteira e público-alvo. Há fundos bem populares, que aceitam aplicações iniciais a partir de R$ 50,00. Os prazos para movimentação dos fundos devem ser divulgados, uma vez que diferem de acordo com o fundo e com a instituição. Para aplicação, o padrão é considerar as cotas de D+0 ou D+1. É importante notar que a data do pedido de resgate não necessariamente é igual à data em que o dinheiro estará disponível na conta-corrente. Nos fundos de ações, por exemplo, os resgates serão efetuados pela cota de fechamento do primeiro dia útil após a solicitação (D+1), e o pagamento é efetuado no quarto dia útil após a solicitação (D+4).

Vantagens do fundo de investimento

Gestão profissional: Uma das principais razões de se investir em fundos de investimento é a comodidade para o investidor, que prefere deixar sob os cuidados de especialistas a gestão de seus recursos. As equipes de gestores acompanham e analisam o mercado diariamente em busca de boas oportunidades de investimento, o que muitas vezes o investidor não tem tempo nem condições de fazer.

Ganhos de escala: Em virtude do volume de dinheiro que capta, o fundo consegue taxas mais vantajosas do que o pequeno e médio investidor individualmente conseguiria.

Liquidez: Os fundos são investimentos com alta liquidez, o que permite, na grande maioria dos casos, saques a qualquer momento, sem qualquer tipo de carência.

Regulamentação

A cada dia o mercado vem se modernizando, proporcionando, assim, muito mais informação ao investidor. Vários órgãos reguladores, como CVM e Banco Central, trabalham constantemente para que os investidores tenham acesso a informações transparentes sobre regras de funcionamento dos produtos de investimento, leis, normas, políticas e riscos.

Além disso, entidades como a Associação Nacional dos Bancos de Investimento (ANBID), principal representante das instituições financeiras que operam no mercado de capitais brasileiro, possuem códigos de autorregulação em que os próprios participantes do mercado estabelecem normas mais rígidas para regular suas atividades. O objetivo é criar regras de divulgação de informações e de conduta em sua comercialização dos produtos de investimento, visando, desta forma, a dar mais segurança e transparência aos investidores.

Existem hoje no Brasil mais de três mil fundos nos quais o investidor pode investir seu dinheiro. Conforme regulamento da CVM, eles são definidos em:

Curto prazo – como o próprio nome diz, possui títulos de curto prazo e, por isso, menor risco na carteira. O prazo máximo da carteira é 60 dias.

Referenciados – mostram explicitamente o nome do indicador de referência do fundo. Por exemplo: Fundo DI, que acompanha o indicador CDI.

Cambiais – possuem pelo menos 80% da carteira em ativos relacionados à variação de preços da moeda estrangeira.

Ações – essa carteira deve possuir no mínimo 67% do patrimônio em ações no mercado à vista da Bolsa de Valores.

Dívida externa – esse fundo deve ter, no mínimo, 80% do patrimônio em títulos da dívida externa do governo.

Multimercado – deve possuir política de investimento que envolva vários fatores de risco, sem o compromisso de concentração em nenhum fator em especial ou em fatores diferentes das demais classes previstas.

Renda fixa – esses fundos precisam ter pelo menos 80% da carteira em ativos relacionados à taxa de juros doméstica, ou índice da inflação, aplicados em títulos federais ou privados de baixo risco de crédito. Podem ser de curto ou longo prazo.

Tributação

Nos fundos de investimentos de renda fixa, o imposto de renda segue a mesma regra do CDB e do Tesouro Direto: a tabela regressiva que vai de 22,5% a 15%. Porém, é recolhido no último dia dos meses de maio e novembro, em um sistema chamado de "come cotas". Nos fundos de renda variável, a alíquota de imposto de renda é de 15% sobre o rendimento e recolhido diretamente na fonte, no momento do resgate. Existe também a cobrança de IOF para resgates realizados antes de 30 dias.

Clubes de investimento

Clubes de investimento também são condomínios constituídos por pessoas físicas para aplicação de recursos em títulos e valores mobiliários, dentro de regras específicas estabelecidas pela CVM e pela Bovespa. Ainda que seja pessoa jurídica, aparece nas estatísticas da bolsa como negócio de pessoas físicas. O funcionamento é similar ao dos fundos de investimento. Nos dois casos o aplicador estará juntando seus recursos aos de outros investidores e escolhendo um gestor para cuidar de sua carteira de ações. Porém, há algumas diferenças estruturais.

Os clubes podem ser criados por empregados ou contratados de uma empresa, ou ainda por um grupo de pessoas que tenham interesses em comum. A constituição é bastante simples. Basta os membros entrarem em contato com uma corretora de valores credenciada pela Bovespa, que vai orientar os investidores na formação e gestão da carteira de investimentos. Posteriormente, deve-se estabelecer um estatuto com as regras básicas de funcionamento do clube, providenciar o Cadastro Nacional de Pessoa Jurídica (CNPJ) na Receita Federal e registrar o clube na Bovespa.

As regras que regerão o clube devem estar em seu estatuto social. O administrador cuidará de todos os documentos e registros legais do clube de investimento, além de ser o responsável pela captação dos ativos que farão parte da carteira do clube.

Diferenças	
Fundo	**Clube**
Aceita aplicadores de pessoas jurídica e física.	É exclusivo para pessoas físicas.
Não há limite de cotistas.	Mínimo 3 cotistas e máximo 150 cotistas.
Há obrigatoriedade de patrimônio mínimo.	Não há obrigatoriedade de patrimônio mínimo.
Há limite mínimo de aplicação.	Não há limite mínimo de aplicação.
Obrigatoriedade de publicação de balanços.	Não há obrigatoriedade de publicação de balanços.
Não pode ser administrado pelos próprios sócios e sim por empresas habilitadas.	Pode ser administrado pelos próprios sócios e por corretoras.

Tabela 8.2

Vantagens dos clubes

Os clubes de investimento apresentam vantagens interessantes para pequenos e médios investidores. Dentre as vantagens dos clubes de investimento sobre os fundos de investimento podemos destacar:

- Maior influência dos participantes sobre a gestão da carteira, pois, diferentemente dos fundos de investimento, que são totalmente geridos por profissionais designados pelas corretoras de valores, nos clubes de investimento os membros têm atuação ativa na gestão dos recursos.
- Maior flexibilidade para moldar a carteira de investimentos, segundo o perfil dos participantes do clube.
- Taxas de gestão e administração mais baixas, além de custos menores, por conta da estrutura de gestão ser mais enxuta e da inexistência de encargos com auditorias ou fiscalizações da CVM, como acontece com os fundos.

OUTRAS CARACTERÍSTICAS

O clube de investimentos precisa ter ao menos 3 e no máximo 150 participantes, exceto quando reúne membros de uma mesma empresa ou qualquer grupo de sociedade. Porém, nenhum participante pode ter mais de 40% do total das cotas do clube.

As cotas são mantidas em depósito, em nome de seus compradores; o próprio clube pode determinar qual o número mínimo de cotas cada participante deve comprar. Cada cota representa a divisão do valor do dinheiro do clube pelo número total de cotas.

Apesar do risco inerente das aplicações no mercado acionário, como as atividades do grupo estão sob controle estreito dos participantes do clube, ou seja, dos investidores, à medida que os recursos administrados aumentam, as aplicações podem ser mais diversificadas e menos arriscadas, o que não aconteceria se você aplicasse sozinho.

Não é preciso, porém, formar um clube de investimento para pode investir seus recursos nessa modalidade. Várias corretoras dispõem de clubes de investimento abertos, que aceitam a entrada de novos participantes.

Qual a melhor alternativa de investimento?

É aquela que atende melhor o objetivo do investidor!

Antes de decidir em que lugar investir seu dinheiro, é preciso conhecer bem todas as opções. A escolha deve recair na alternativa que mais vá ao encontro de seus objetivos como investidor (risco *versus* rentabilidade *versus* liquidez).

A Tabela 8.3 apresenta uma síntese do que foi tratado neste capítulo, buscando dar uma visão geral das alternativas de investimento.

Alternativa de investimento	Risco quanto ao retorno	Retorno	Liquidez
Caderneta de poupança	Muito Baixo	Muito baixa	Muito alta
CDB	Baixo	Média	Média
Título público	Baixo	Baixa	Alta
Ações de blue chips[6]	Médio	Media	Alta
Ações de small caps[7]	Alto	Alta	Média
Fundos de ações	Médio	Alta	Alta
Fundos de renda fixa	Baixo	Baixa	Média

Tabela 8.3 – Adaptado de www.folha.com.br

6 As ações *blue chips*, ou de primeira linha são aquelas de empresas de grande porte, de alcance nacional e internacional e de comprovada lucratividade, principalmente no longo prazo. Por característica, as *blue chips* têm grande liquidez – com muitos negócios feitos diariamente – e bastante procura pelos investidores. A lista de empresas com ações *blue chips* não é oficial e muda de período. Mas há aquelas que são sempre listadas anualmente. Exemplo desse tipo de ações são VALE5 e PETR4.

7 São ações um pouco menos líquidas, de empresas de boa qualidade, em geral de grande e médio portes.

Por meio da Figura 8.13, é possível compararmos o retorno da caderneta de poupança, do CDI e do Ibovespa em longo prazo.

Suponha uma aplicação inicial de R$ 1.000,00 realizada em janeiro de 1999; acompanhe o valor acumulado em abril de 2010 em cada uma das alternativas de investimento.

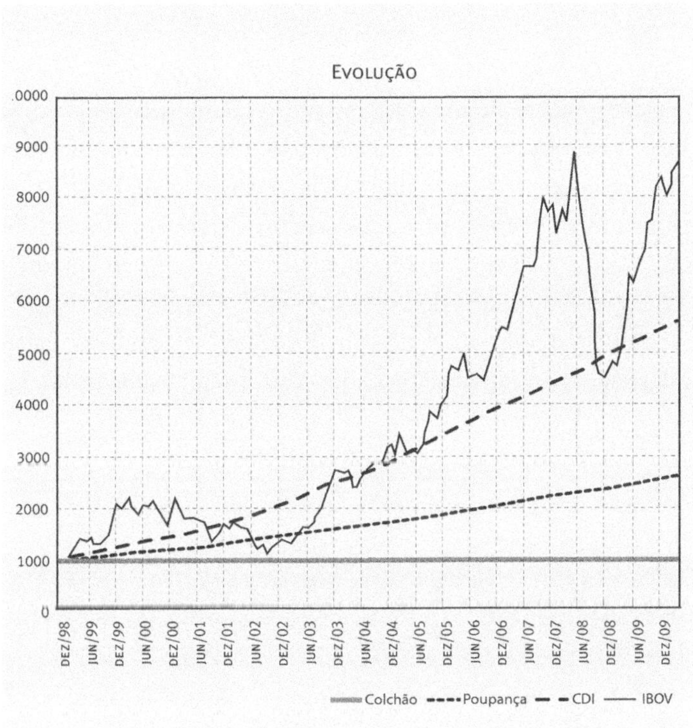

Gráfico 8.1 – Capital inicial de R$ 1 mil ao longo do tempo

Observe que em longo prazo o investimento em ações apresenta uma volatilidade (risco) muito maior do que a caderneta de poupança e o CDI; em contrapartida, o retorno também é superior. A linha constante representa o dinheiro no tempo sem remuneração financeira, como se tivéssemos guardado e deixado "debaixo do colchão".

Por meio do gráfico podemos notar que investimentos em renda fixa, atrelados ao CDI ou taxa Selic, no Brasil sempre foram uma boa oportunidade de investimento, devido às altas taxas de juros. Apresentou uma Taxa Interna de Retorno (TIR) de 1,30% a.m. Até aqui foi a alternativa de investimento que apresentou a melhor relação risco/retorno/liquidez. Esse cenário, no entanto, deve mudar nos próximos anos com a redução da taxa básica de juros da economia. O investidor que deseja buscar maior rentabilidade deverá recorrer, cada vez mais, aos investimentos de renda variável, que são a alternativa que apresenta maiores retornos (1,65% a.m.), porém com maior risco.

	Montante Acumulado	TIR	% do CDI
Colchão	R$ 1.000,00	0,00%	0,00%
Poupança	R$ 2.583,13	0,72%	55,27%
CDI	R$ 5.540,07	1,30%	100%
IBOV	R$ 8.611,22	1,63%	125,97%

Tabela 8.4 – Comparação de rentabilidade em relação ao CDI

Note que a caderneta de poupança apresentou um retorno de aproximadamente 55% do CDI e que o Ibovespa, que indica a média de rentabilidade das ações mais negociadas na Bolsa brasileira, apresentou rentabilidade de 125% do CDI.

Se compararmos o Ibovespa com a caderneta de poupança, notaremos que o montante de R$ 8.611,22 é 3,33 vezes maior que R$ 2.583,13, representando uma superioridade de 233% no período analisado.

Maiores rendimentos estão atrelados a maior risco. Da mesma forma, quem busca por estabilidade deve se contentar com aplicações com rentabilidade menor.

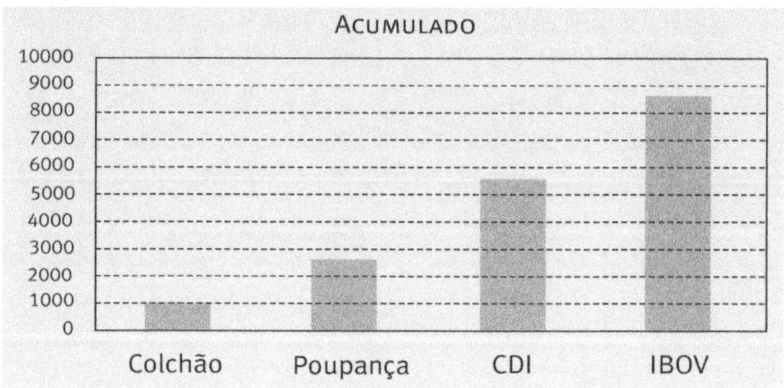

Figura 8.13

Vale lembrar que, para quem está começando, o ideal é iniciar por investimentos menos arriscados e que aceitem valores mais modestos.

Nunca se deve investir mais do que se pode. É importante pensar sempre em ter uma reserva para eventualidades, e investir apenas o restante. Lucro rápido não existe. Ninguém fica rico de uma hora para outra. Mas em longo prazo não só é possível como viável.

Para se ter um bom retorno com aplicações financeiras, há duas palavras-chave: paciência e disciplina. No Capítulo 10 voltaremos a falar sobre esse assunto.

CAPÍTULO 9

APOSENTADORIA: COMO MANTER MEU PADRÃO DE VIDA?

A arte da aposentadoria
não é aposentar-se
de alguma coisa, e sim
aposentar-se
para alguma coisa.
Harry Emerson Fordick

PGBL OU VGBL?

Previdência Social

Ser previdente não significa ser um vidente precoce, e sim planejar o que vai acontecer no futuro. De onde virá a grana quando você ficar mais velho e parar de trabalhar? Lembra da formiga e da cigarra?

O que será de você depois da aposentadoria?

São questões que mais cedo ou mais tarde teremos que responder. E, quanto mais cedo, melhor!

O que é Previdência Social

Previdência Social, no Brasil, é um seguro social, mediante contribuições previdenciárias, com a finalidade de prover subsistência ao trabalhador em caso de perda de sua capacidade laborativa.

A Previdência Social é administrada pelo Ministério da Previdência Social, e as políticas referentes a essa área são executadas pela autarquia federal denominada Instituto Nacional do Seguro Social (INSS). Todos os trabalhadores formais recolhem, diretamente ou por meio de seus empregadores, contribuições previdenciárias para o fundo de previdência, e no caso dos servidores públicos brasileiros existem sistemas previdenciários próprios. O artigo 201 da Constituição Federal brasileira prevê o Regime Geral da Previdência Social.

O objetivo da Previdência Social é reconhecer e conceder direitos aos seus segurados. Portanto, a renda transferida pela Previdência Social é utilizada para substituir a renda do trabalhador contribuinte quando ele perde a capacidade de trabalho, seja por doença, invalidez, idade avançada, morte, desemprego involuntário, pela maternidade ou mesmo pela reclusão.

A partir de 16 anos, os cidadãos podem fazer inscrição na Previdência Social e iniciar as contribuições, que devem ser mantidas em dia para assegurar seus direitos. Os empregados e os trabalhadores avulsos, com carteira de trabalho assinada, já estão automaticamente inscritos.

Origem da Previdência Social

O Seguro Social surgiu na Alemanha, em 1889, e foi introduzido pelo então chanceler alemão Otto von Bismarck.

Seu objetivo fundamental foi promover o bem-estar social dos trabalhadores. O sistema alemão visava a promover benefícios de aposentadoria e invalidez. A participação do trabalhador era compulsória, em consórcio com os empregadores e o governo. Um fato, no mínimo curioso, no sistema alemão, foi a fixação de uma idade-padrão para aposentadoria: 65 anos, mesma idade de Bismarck. Essa idade de aposentadoria seria usada mais tarde, pelos americanos, quando implantaram seu modelo de Previdência Social, no governo Roosevelt, no início da década de 1930.

No Brasil, o modelo previdenciário foi estruturado a partir da década de 1940, no governo de Getulio Vargas. O sistema adotado foi centrado no Modelo de Repartição Simples, também conhecido por pacto de gerações.

Defasagem

Criada com objetivo de proporcionar meios de subsistência aos trabalhadores e suas famílias na velhice, morte ou invalidez, a Instituição da Previdência Social existe no mundo todo. Porém, os valores dos benefícios pagos pela Previdência Social (INSS) são bem inferiores ao salário que o trabalhador recebia durante sua vida útil profissional, impossibilitando que ele e seus familiares tenham o mesmo padrão de vida anterior. Essa situação se agrava à medida que o salário é mais elevado, fazendo com que muitos, em idade de aposentadoria, continuem trabalhando.

Defasagem da aposentadoria *versus* salário

A Figura 9.1 demonstra a queda do poder aquisitivo do trabalhador que, ao se aposentar, tenha a Previdência Social como única fonte de renda.

Como pode ser visto, aqueles que possuíam nível de renda entre 18 e 100 salários mínimos no momento da aposentadoria, percebem perda nesse nível que varia entre 10% a 90%, respectivamente.

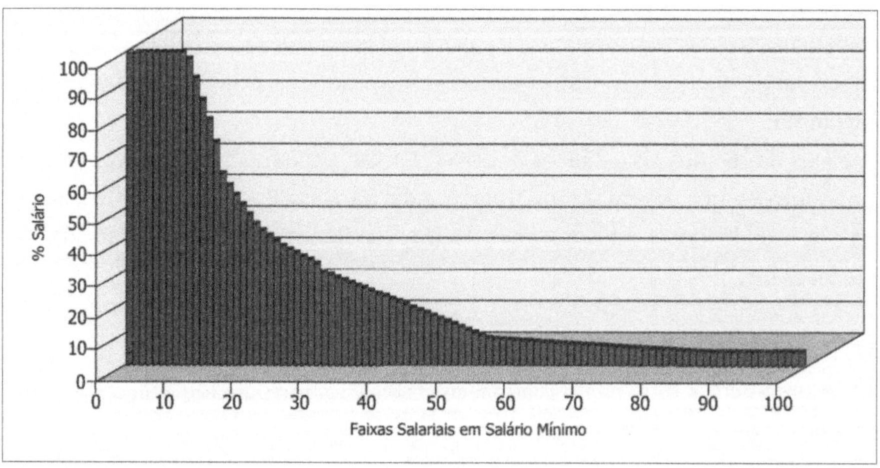

Gráfico 9.1 – Queda do poder aquisitivo do brasileiro na aposentadoria | *Fonte:* www.previdencia.gov.br

Assim, um trabalhador que recebia 50 salários mínimos na ativa, ao se aposentar receberá cerca de 16% daquele salário. Dessa forma, muitas pessoas adquirem um plano de previdência complementar como forma de garantir uma renda razoável para manter a qualidade de vida e o poder aquisitivo ao fim de sua carreira profissional.

O QUE É PREVIDÊNCIA COMPLEMENTAR

Sistema composto por entidades do setor privado, que tem como objetivo oferecer planos de previdência assemelhados aos da Previdência Social. As pessoas contribuem durante determinado período, acumulando recursos para sua aposentadoria e, de acordo com o regulamento do plano contratado, poderá revertê-los em rendas vitalícia, temporária ou outras modalidades determinadas no regulamento do plano.

Segundo o governo brasileiro, por meio do site da Previdência,[1] com a previdência complementar, em média, o trabalhador consegue manter cerca de 60% do nível de renda que possuía até o momento da aposentadoria, conforme a Figura 9.2.

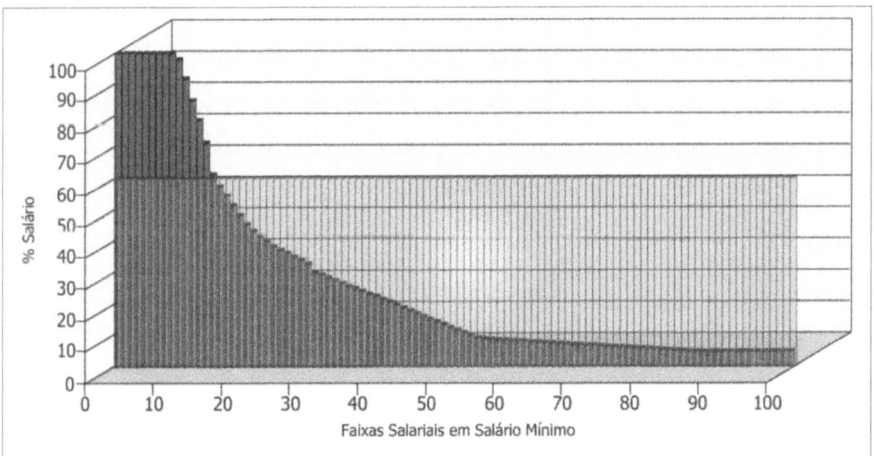

Gráfico 9.2 – Meta de recomposição do poder aquisitivo | Fonte: www.previdencia.gov.br

Levando-se em consideração que nessa fase da vida há tendência de decréscimo de consumo, em função da menor quantidade de compromissos a assumir, segundo o governo a recomposição de 60% do nível de renda garante ao indivíduo a manutenção de seu poder aquisitivo.

Modelo Três Pilares

Atualmente, as questões relacionadas à Previdência Social e à Previdência Complementar têm ocupado lugar de destaque na mídia em geral.

1 www.previdencia.gov.br.

A questão previdenciária é bastante complexa e abrangente, principalmente em países que ainda não equacionaram seus modelos de Previdência Social. Sabemos que no Brasil pontos cruciais estão sendo discutidos e aperfeiçoados. Nesse contexto, a Previdência Complementar ocupa um lugar de destaque, pois é a partir dela e de seus benefícios que inúmeros países estão encontrando respostas para oferecer aos trabalhadores opções de suplementação dos benefícios de rendas e pensões, com vistas a um futuro mais tranquilo.

Em países nos quais o sistema previdenciário já está consolidado, como no caso dos Estados Unidos, o equilíbrio está representado pelo que especialistas denominam de Modelo dos Três Pilares, composto, de um lado, pela previdência pública (básica) e, por outro, por duas opções de planos de Previdência Complementar (empresarial e individual), de caráter privado e facultativo.

O PRIMEIRO PILAR

A Previdência Social pública, que garante benefício básico aos trabalhadores, semelhante ao INSS brasileiro, estabelece que quanto maior o salário na ativa, maior a defasagem na aposentadoria.

O SEGUNDO PILAR

Os Planos Empresariais de Previdência Complementar, nos quais os trabalhadores e as empresas contribuem para a suplementação até determinado percentual dos benefícios pagos pela Previdência Social.

O TERCEIRO PILAR

O Plano de Previdência Complementar Individual, facultativo, no qual pessoas físicas contribuem para entidades abertas de Previdência Complementar.

TIPOS DE ENTIDADES DE PREVIDÊNCIA COMPLEMENTAR

Há dois tipos de plano de previdência no Brasil: o fechado e o aberto. A previdência fechada é destinada a grupos, como funcionários de uma empresa, por exemplo, enquanto a aberta pode ser contratada por qualquer pessoa.

Previdência Complementar Fechada

Os planos de previdência fechados são, necessariamente, destinados a empresas ou a associações, nas quais um grupo de funcionários ou associados contribui para formação de um fundo de pensão, gerido por entidades sem fins lucrativos. São normatizados pela Secretaria de Previdência Complementar e fiscalizados pela Superintendência de Previdência Privada (Previc).

É destinada aos profissionais ligados a empresas, sindicatos ou entidades de classe. Em linhas gerais, o trabalhador contribui com uma parte mensal do salário e a empresa banca o restante; esses valores são geralmente divididos em partes iguais. Outras empresas, essas mais raras, bancam toda a contribuição.

Uma vantagem imediata é a possibilidade de deduzir 12% da renda bruta na declaração anual do Imposto de Renda.

Previdência Complementar Aberta

O sistema de previdência aberta é um plano em que qualquer pessoa (mediante *subscrição do risco* pelo segurador) pode ingressar, individualmente. No Brasil, as empresas de previdência aberta são fiscalizadas pela Susep. Os planos são oferecidos por seguradoras ou por bancos, portanto, com fins lucrativos. Um dos principais benefícios dos planos abertos é sua liquidez.

Planos de Previdência Complementar

Os planos de previdência complementar mais comuns são o PGBL e VGBL.

PGBL significa Plano Gerador de Benefício Livre, e VGBL quer dizer Vida Gerador de Benefício Livre. São planos previdenciários que permitem que o contratante acumule recursos por um prazo contratado. Durante esse período, o dinheiro depositado vai sendo investido e rentabilizado pela seguradora escolhida.

Tanto no PGBL como no VGBL, o contratante passa por duas fases: o período de investimento e o de benefício. O primeiro geralmente ocorre quando se está trabalhando e/ou gerando renda. Essa é a fase de formação de patrimônio. Já o período de benefício começa a partir da idade que se escolhe para começar a desfrutar do dinheiro acumulado durante anos de trabalho. A maneira de recebimento dos recursos é o contratante quem escolhe. É possível resgatar o patrimônio acumulado e/ou contratar um tipo de benefício (renda) para passar a receber, mensalmente, da empresa seguradora.

Tanto o período de investimento quanto o de benefício não precisam ser contratados com a mesma seguradora. Dessa forma, uma vez encerrado o período de investimento, o participante fica livre para contratar uma renda na instituição que escolher.

Diferenças entre PGBL e VGBL

A principal distinção entre eles está na tributação.

No PGBL, o contratante pode deduzir o valor das contribuições da sua base de cálculo do Imposto de Renda, com limite de 12% da sua renda bruta anual. Ou seja, paga menos imposto agora e acumula renda para o futuro. Assim, poderá reduzir o valor do imposto a pagar ou aumentar sua restituição de IR. Vamos supor que um contribuinte tenha um rendimento bruto anual de R$ 100 mil. Com o PGBL, ele poderá declarar ao Leão R$ 88 mil. O IR sobre os R$ 12 mil restantes, aplicados em PGBL, só será pago no resgate desse dinheiro. Mas atenção: esse benefício fiscal só é vantajoso para aqueles que fazem a declaração do Imposto de Renda pelo formulário completo e são tributados na fonte.

Para quem faz declaração simplificada, que não tem dedução no imposto, como autônomos por exemplo, o VGBL é ideal. A vantagem está no momento do resgate, pois o imposto incide apenas sobre os rendimentos.

Há casos em que os dois podem ser complementares, ou seja, é possível investir em PGBL e VGBL ao mesmo tempo. Basta o contratante gastar mais de 12% dos seus rendimentos em previdência privada. Assim, aplica até 12% no PGBL e o que ultrapassar desta cota, no VGBL, complementando sua renda no futuro. Por isso, nada impede que se utilize os dois.

Características do PGBL e do VGBL

Além do benefício fiscal, há outras características que diferem o PGBL do VGBL. A Tabela 9.1 mostra de maneira simplificada cada uma delas.

PGBL Plano Gerador de Benefício Livre		VGBL Vida Gerador de Benefício Livre
Um plano com possibilidade de acumulação de recursos para o futuro, os quais podem ser resgatados na forma de renda mensal ou pagamento único a partir de uma data escolhida pelo participante.	O que é	Um plano com possibilidade de acumulação de recursos para o futuro, os quais podem ser resgatados na forma de renda mensal ou pagamento único a partir de uma data escolhida pelo participante.
Mais atraente para quem declara Imposto de Renda completo, podendo aproveitar o abatimento da Renda Bruta anual na fase de contribuição.	Para quem é mais indicado	Para quem é isento, declara Imposto de Renda simplificado ou tem previdência complementar e/ou já abate o limite máximo de 12% da Renda Bruta anual.
Abatimento[2] das contribuições no Imposto de Renda (até o limite de 12% da Renda Bruta anual) durante o período de acumulação. Sobre os valores de resgate e rendas, haverá incidência de tributação conforme alíquota da tabela do Imposto de Renda Pessoa Física em vigor.	Tratamento fiscal	Durante o período de acumulação, os recursos aplicados estão isentos de tributação sobre os rendimentos. Somente no momento do recebimento de renda ou resgate haverá a incidência de Imposto de Renda apenas sobre os rendimentos auferidos.
Em caso de falecimento do participante, o saldo acumulado no PGBL será devolvido aos beneficiários indicados.	Principais vantagens	Em caso de falecimento do participante, o saldo acumulado no VGBL poderá ser resgatado pelos beneficiários.

(continua...)

2 Conforme legislação em vigor.

(CONTINUAÇÃO)

Não existe a garantia de uma rentabilidade mínima. Por outro lado, todo o rendimento obtido no período é repassado ao integrante do plano.	Quanto rende	Não existe a garantia de uma rentabilidade mínima, e o rendimento obtido é repassado integralmente ao participante.
Pode ser transferido para outra operadora, desde que seja por um plano similar.	Como transferir recursos	Pode ser transferido para outra operadora, desde que seja por um plano similar.
O resgate é possível dentro do prazo a cada período de 60 dias. O saque pode ser feito em uma parcela única ou ser transformado em renda mensal.	Como resgatar o dinheiro	O primeiro saque pode ser feito em período que varia de dois meses a dois anos. Após esse período, a cada 60 dias.
Chega até 5% sobre o valor dos depósitos. A média de mercado é de 3%.	Quanto é a taxa de carregamento[3]	Chega a até 5% sobre o valor dos depósitos. A média de mercado é de 3%.
Varia, na média, entre 1,5 e 2% ao ano.	Quanto é a taxa de administração[4]	Varia, na média, entre 1,5 e 2% ao ano.
Até 12% da renda bruta tributável do contribuinte pode ser diferida[5] do Imposto de Renda.	Imposto de Renda	Não há dedução no Imposto de Renda. Por outro lado, o IR é aplicado somente sobre o ganho de capital.

Tabela 9.1 – Características entre PGBL e VGBL | *Fonte:* bradescoprevidencia.com

Custos dos planos

É importante analisar os custos que os planos de aposentadoria cobram do participante. São as chamadas *taxas de carregamento* e *taxas de administração.*

A *taxa de carregamento* é cobrada em cima do valor aplicado mensalmente e de acordo com dados da Associação Nacional de Previdência Privada (Anapp), tem valor médio de 3%, podendo chegar a 5%. Por exemplo, se a taxa for de 3%, para cada R$ 100 aplicados, somente R$ 97 ficarão à sua disposição para acúmulo no fundo.

Já a *taxa de administração* é cobrada anualmente sobre o valor total da aplicação e varia de 1,5 a 2%. Se ao final do exercício, você tiver R$ 10 mil acumulados, esse valor é reduzido a R$ 9.800, se a taxa for de 2%. No caso de 1,5%, a soma seria de R$ 9.850.

3 É uma taxa que pode ser cobrada pela seguradora em cada aporte ou no resgate do plano sobre o valor acumulado. É possível negociar a diminuição até zerá-la no longo prazo.

4 Incide anualmente sobre a rentabilidade dos fundos. Existe uma enorme diferença entre os valores praticados no mercado.

5 Diferimento significa adiamento. Isso quer dizer que a tributação só será feita na ocasião do resgate. A vantagem é que, no período, incidirá rendimento sobre essa diferença.

Se compararmos os custos de um plano de previdência com os de um fundo de investimento comum, podemos pensar, inicialmente, que se trata de uma aplicação mais cara. Mas lembre-se: um plano de previdência é um seguro, por isso é feito por seguradoras, ligadas ou não a bancos. Ao fazer um PGBL ou um VGBL, o contratante está comprando um investimento que traz um ingrediente importante: praticidade. Planos de previdência são indicados para quem não dispõe de tempo suficiente para administrar seu patrimônio ou simplesmente não tem interesse em fazer isso.

Imposto no resgate

A escolha do regime de tributação do plano também é fundamental para garantir bons resultados. Há dois regimes disponíveis: o regressivo e o progressivo.

Progressivo: Indicado para quem pretende resgatar o dinheiro em curto prazo ou está próximo de se aposentar. O investidor vai pagar 15% de imposto no ato do resgate e estará sujeito a um ajuste na declaração de IR.

Regressivo: Ideal para quem planeja deixar os recursos aplicados por, no mínimo, dez anos. Caso contrário, a penalidade é alta. Quem desiste em menos de dois anos, por exemplo, é tributado em 35%. Veja a Tabela 9.2.

Alíquota regressiva de IR	Período de acumulação
35%	Até 2 anos
30%	De 2 a 4 anos
25%	De 4 a 6 anos
20%	De 6 a 8 anos
15%	De 8 a 10 anos
10%	Acima de 10 anos

Tabela 9.2 – Quanto é cobrado de Imposto de Renda no resgate | *Fonte:* www.vocesa.abril.com.br

Quanto maior o prazo do plano de aposentadoria, mais vantajosa é a tabela regressiva, que diminui o imposto ao longo dos anos. Ele cai de 35%, até dois anos de contribuição, para 10%, após 10 anos.

Resgates dos recursos

Após poupar por vários anos, o contratante poderá usufruir dos recursos aplicados de acordo com a forma contratada no plano. A Tabela 9.3 apresenta as sete maneiras de resgatar o dinheiro dos planos de previdência.

	O QUE É	VANTAGEM	DESVANTAGEM	INDICAÇÃO
RENDA MENSAL VITALÍCIA COM REVERSÃO AO BENEFICIÁRIO INDICADO	Em caso de morte prematura, o beneficiário poderá continuar recebendo a renda.	Segurança. Em caso de morte, o dinheiro do plano não fica para a seguradora.	O valor da renda é reduzido em comparação com o plano de renda vitalícia.	Pessoas que fazem questão de deixar uma renda para a família, principalmente quem acumulou cifras altas.
RENDA MENSAL TEMPORÁRIA (DE 5 A 20 ANOS)	É a renda paga por um prazo determinado. O benefício cessa com o falecimento ou com o fim do período do contrato.	Valor superior ao da opção da renda vitalícia.	Há o risco de faltar dinheiro. O período determinado pode não ser suficiente. Em caso de falecimento do contratante, o dinheiro fica com a seguradora.	Para quem tem outras fontes de renda. Quando parar de receber a previdência, a pessoa conta com outros recursos.
RENDA MENSAL VITALÍCIA COM REVERSÃO AO CÔNJUGE E CONTINUIDADE AOS MENORES (ATÉ 21 ANOS)	Se o segurado morrer, o cônjuge recebe os valores. Na falta dele, o dinheiro ficará com o menor de idade até ele completar 21 anos.	Segurança para toda a família.	O valor é baixo e varia conforme a idade do beneficiário.	Para quem tem filhos pequenos ou acumulou patrimônio acima de 1 milhão de reais.
RESGATE TOTAL	Opção de sacar tudo de uma só vez.	Não há custo além do IR.	Má administração do seu dinheiro.	Para quem está preparado para a gestão dos recursos.
RENDA MENSAL VITALÍCIA	Valor pago todo mês com correção monetária por toda a vida.	A segurança de que nunca vai faltar dinheiro no bolso.	Se a pessoa falecer prematuramente, os recursos ficam para a seguradora, independentemente do tipo de plano escolhido.	É uma boa opção para o cliente que não quer correr o risco de ficar sem nenhuma renda na aposentadoria.
RENDA MENSAL VITALÍCIA COM PRAZO MÍNIMO GARANTIDO (DE 5 A 20 ANOS)	Pagamento por um período determinado. Em caso de falecimento, o dinheiro fica com a família.	O dinheiro é revertido para a família.	Renda inferior à renda vitalícia.	Para quem tem outras fontes de renda na aposentadoria.
RESGATE PARCIAL	Saques programados em períodos.	Parte do dinheiro segue rendendo.	Risco de má administração.	Para quem tem outras fontes de renda e vai usar a previdência privada apenas como complemento.

Tabela 9.3 – Saque seu dinheiro do melhor jeito | *Fonte:* Adaptado de *Você S/A Especial previdência*

ATENÇÃO

O cliente escolhe o modelo de saída do plano de previdência quando assina o contrato. Mas as seguradoras confirmam a opção perto do período de retirada.

O modelo de saída pode ser alterado 30 dias antes do encerramento do plano, e em caso de resgates durante o período de acumulação, a contagem do prazo leva em consideração o tempo da aplicação, ou seja, o valor é retirado das contribuições mais antigas feitas ao plano no qual incide a menor alíquota de Imposto de Renda.

Riscos que você corre em um plano de previdência

Ao comprar um plano de previdência, o contratante está assumindo dois riscos:

Risco de morrer cedo

Quem faz um plano de previdência sonha em desfrutar de seu dinheiro acumulado assim que parar de trabalhar. Mas o destino reserva surpresas e quem pensa no futuro deve levar em conta a possibilidade de morte ou invalidez.

Habitualmente, os planos de previdência privada podem ser divididos em duas fases: a de contribuições e a de pagamento do benefício.

Na primeira etapa, os recursos são remunerados de acordo com as regras vigentes. Dessa forma, no caso de morte, o saldo acumulado, descontados os impostos, fica à disposição dos beneficiários legais. Em caso de invalidez, o próprio segurado pode receber a quantia em questão. Por outro lado, se a morte acontecer durante o período de recebimento, são duas as possibilidades.

Renda vitalícia: Se o participante optou por receber uma renda vitalícia (ver Tabela 9.3) o dinheiro depositado passa a fazer parte da reserva técnica da seguradora e não é repassado aos dependentes. Essa situação ocorre porque o benefício foi calculado em cima da expectativa de vida do contratante. Em linhas gerais, os que morrem mais cedo acabam financiando aqueles que têm vida mais longa.

Renda por período determinado: Se a opção foi por receber uma quantia determinada por um também determinado número de anos, os beneficiários passam a ter direito a receber o valor até que se complete o número de anos do contrato. O valor também pode ser sacado de uma só vez, descontados os devidos impostos.

Risco de a seguradora falir

Ao contratar um plano de previdência, também deve-se ficar atento à solidez da instituição na qual se vai aplicar o dinheiro, assim como ocorre quando se escolhe um banco, por exemplo. Por ser uma aplicação de longo prazo, caso haja algum problema com a seguradora, o cliente pode acabar no prejuízo ou, na melhor das hipóteses, aguardar um longo período até que a Justiça defina a situação, respeitando a ordem prevista para falências: governo, trabalhadores e clientes dos fundos.

Se no meio do caminho o contratante se arrepender de ter escolhido uma determinada empresa, é possível fazer a transferência dos recursos para outra instituição, desde que para a mesma categoria de plano: por exemplo, o VGBL de uma empresa para o VGBL de outra empresa. Para tipos diferentes, não é possível fazer a troca.

Para finalizar este capítulo, cabe salientar que planos de previdência complementar como PGBL e VGBL devem ser encarados exclusivamente como planos de aposentadoria para longo prazo, ou seja, sem qualquer tipo de pretensão de retirar o valor investido num curto espaço de tempo. É a garantia de ter uma renda para quando deixar de trabalhar. Se forem empregados como investimentos, somente ocasionarão perdas financeiras e transtornos aos aplicadores.

CAPÍTULO 10
CONQUISTE SUA LIBERDADE FINANCEIRA

Não é preciso fazer coisas extraordinários para obter resultados extraordinários.
Warren Buffett

De forma geral, a palavra "liberdade" significa a condição de um indivíduo não ser submetido ao domínio de outro e, por isso, ter pleno poder sobre si mesmo e sobre seus atos.

O desejo de liberdade é um sentimento profundamente arraigado no ser humano. Para Cecília Meireles, liberdade é uma palavra que o sonho humano alimenta, que não há ninguém que explique e ninguém que não entenda.

E a liberdade financeira?

O que significa ser livre financeiramente?

Deixar de trabalhar...

Poder adquirir o bem material que quiser...

Viajar sem limites, sem a preocupação do gasto, sabendo que irá receber durante o período de férias...

Poder jantar nos melhores lugares...

Ter as melhores roupas...

Ter uma casa na cidade, uma no campo, outra na praia, em outro país...

Ter o suficiente para desfrutar a vida, sabendo que tudo que preciso e quero poderei comprar...

Em finanças pessoais, atingir a liberdade financeira não significa deixar de trabalhar. Para Gustavo Cerbasi, autor do livro *Dinheiro: os segredos de quem tem*, significa obter renda suficiente para pagar suas contas mensais sem que se veja na obrigação de trabalhar para pagá-las. Ao atingir sua liberdade financeira você terá tranquilidade para trabalhar no que gosta. Poderá se dar ao luxo de ficar de cama quando pegar um resfriado, sem ter a preocupação em acelerar o processo de recuperação. Terá mais tempo para curtir à vontade aquilo que você tem de graça e estava deixando passar com sua vida.

Conforme vimos no Capítulo 3, o brasileiro "corre atrás da máquina" praticamente durante a vida toda. Torna-se escravo do trabalho para garantir o final do mês e, no final da carreira, ao se aposentar, geralmente se vê obrigado a reduzir o padrão de vida e a se desfazer de bens para adquirir as coisas. Tudo isso devido à perda do poder aquisitivo do salário de aposentado, que habitualmente é menor do que o recebido até então.

Nossa vida financeira é um reflexo de como somos. É preciso procurar fazer as escolhas valorizando o esforço que se faz para ter dinheiro. Este capítulo irá mostrar que precisamos aprender a administrar pequenas quantias se quisermos um dia administrar grandes quantias. Se a meta é adquirir um carro, um imóvel, viajar ou acumular determinado valor para atingir a independência financeira, o importante é saber com quanto tempo de antecedência o planejamento deve começar a ser feito. Para isso é preciso analisar: que valor se deseja obter? Quanto se tem disponível? Quanto será possível poupar por mês? Qual a rentabilidade mensal? Qual o perfil de risco? Qual taxa de inflação considerar? Que alíquota de Imposto de Renda incide sobre os rendimentos do valor investido? De posse dessas informações, é possível fazer simulações que poderão ajudar no planejamento para a conquista da liberdade financeira.

ESTIPULANDO METAS E PENSANDO NO FUTURO

É importantíssimo, para qualquer pessoa, independentemente da condição financeira em que se encontre, estabelecer metas de poupança e de gerenciamento de gastos. Para atingir a meta de poupança, é necessário pôr as contas no papel ou em uma planilha eletrônica e monitorar os gastos com base no fluxo de caixa mensal, que é o controle entre receitas e despesas do mês.

Há três índices que podem servir de benchmark para o monitoramento da liberdade financeira. São eles: o patrimônio esperado, a taxa de poupança e a taxa de riqueza.

Patrimônio esperado

A fórmula para se calcular o patrimônio esperado foi desenvolvida por dois pesquisadores norte-americanos, Thomas Stanley e William Danko, também autores do livro *O milionário mora ao lado*. A ideia é: seja qual for sua idade, seja qual for sua renda, quanto você deveria ter de patrimônio agora mesmo?

A fórmula proposta por eles para responder a esta pergunta é dada pela multiplicação da idade do indivíduo pela sua renda anual provinda de todas as fontes (exceto herança) dividida por 10.

Esse resultado deve ser o valor do patrimônio líquido esperado por esse indivíduo.

$$\text{PATRIMÔNIO ESPERADO} = \frac{\text{RENDA ANUAL X IDADE}}{10}$$

Tomemos como exemplo o balanço patrimonial pessoal e o demonstrativo de resultado apresentados no Capítulo 5. Na Tabela 5.6 – Demonstrativo de resultado pessoal, obtém-se os rendimentos mensais oriundos do trabalho, que é de R$ 3.600. Na Tabela 5.3 – Balanço patrimonial pessoal, verifica-se uma caderneta de poupança no valor de R$ 5 mil, que rende aproximadamente R$ 30 de juros (0,6% a.m.); uma aplicação em fundos de investimento no valor de R$ 4 mil, gerando aproximadamente R$ 32 (0,8% a.m.); e ainda ações da Petrobras, que tem rendido em média R$ 144 (1,2% a.m.). Assim, a renda mensal do indivíduo, com idade de 30 anos, considerando os rendimentos financeiros é de R$ 3.806. Logo, sua renda anual é de R$ 45.672 (R$ 3.806,00 x 12).

Demonstrativo de Renda mensal	
Renda Mensal	R$ 3.600,00
Juros Caderneta de Poupança	R$ 30,00
Juros Fundos de Investimentos	R$ 32,00
Rendimentos Ações Petrobras	R$ 144,00
	R$ 3.806,00

Tabela 10.1 – Demonstrativo de renda mensal

Aplicando a fórmula, tem-se:

$$\text{Patrimônio esperado} = \frac{\text{R\$ } 45.672 \times 30 \text{ anos}}{10} = \text{R\$ } 137.016{,}00$$

Pela sua idade e renda, de acordo com a fórmula, ele deveria ter um patrimônio hoje de R$ 137.016,00. No balanço patrimonial da Figura 5.6 verifica-se um patrimônio real de R$ 63 mil. Portanto, seu patrimônio atual corresponde a 46% do patrimônio esperado.

$$\text{Patrimônio atual em relação ao patrimônio esperado} = \frac{\text{R\$ } 63.000{,}00}{\text{R\$ } 137.016{,}00} = 0{,}46$$

O ideal é que o patrimônio atual corresponda a 100% do patrimônio esperado. Porém, tão importante quanto chegar aos 100% é monitorar este índice com frequência e verificar que ele está crescendo.

Aumentando o patrimônio

Guardar dinheiro pela simples razão de guardar não é a melhor e mais acertada das razões para a acumulação de um razoável patrimônio para usufruir de conforto e segurança em longo prazo. É importante, antes de mais nada, definir objetivos para sua vida financeira – objetivos específicos, que possam ser mensurados e, sobretudo, que possam ser atingidos.

Você sabe o que quer para sua vida e quais são suas prioridades e objetivos?

Se não parou para pensar, a hora é agora. Reflita, defina e estipule metas.

As pessoas que trabalham apenas para pagar dívidas estão sempre "apagando incêndios". Já as que se organizam e levam em conta seus objetivos de longo prazo sempre conseguem agir com tranquilidade na maioria das vezes, contornando os obstáculos naturais que vão ocorrendo, com relativa facilidade, pois possuem reservas. Somente com reservas financeiras haverá possibilidade de crescimento financeiro e aumento de patrimônio.

No Capítulo 5 vimos a importância do balanço patrimonial pessoal. Por meio dessa ferramenta é possível chegarmos ao patrimônio líquido, dado pela diferença entre os ativos, nossos bens e direitos, e o passivo, nossas obrigações (dívidas). Portanto, para crescermos financeiramente, é necessário aumentar os ativos ou reduzir os passivos; dessa forma teremos aumento do patrimônio líquido, ou seja, aumento de riqueza.

ATIVO – PASSIVO = PATRIMÔNIO LÍQUIDO

A construção do patrimônio ou velocidade com que se pretende aumentá-lo depende do gerenciamento do orçamento doméstico e do fluxo de caixa. Analise as situações a seguir.

SITUAÇÃO 1: QUANDO AS DESPESAS SÃO MAIORES QUE AS RECEITAS

Neste caso não há crescimento, pelo contrário. Haverá redução do patrimônio, pois, como as despesas são maiores do que as receitas, haverá a necessidade de empréstimos, gerando dívidas, ou então o indivíduo deverá se desfazer de algum bem para cobrir as despesas. Em ambos os casos, implicará redução do ativo e, consequentemente, redução do patrimônio líquido.

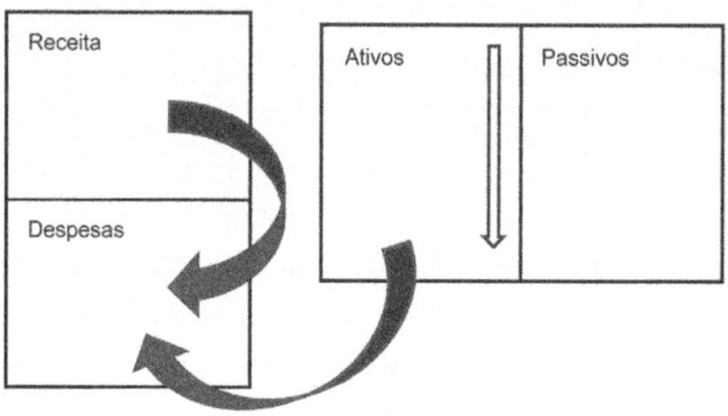

Figura 10.1 – Redução do patrimônio | Adaptado de *Pai Rico, Pai Pobre*

SITUAÇÃO 2: QUANDO AS DESPESAS SÃO IGUAIS ÀS RECEITAS

Nesta situação, não haverá construção nem deterioração de patrimônio. A pessoa vive dependente do trabalho, pois toda a receita gerada será consumida para a manutenção das despesas.

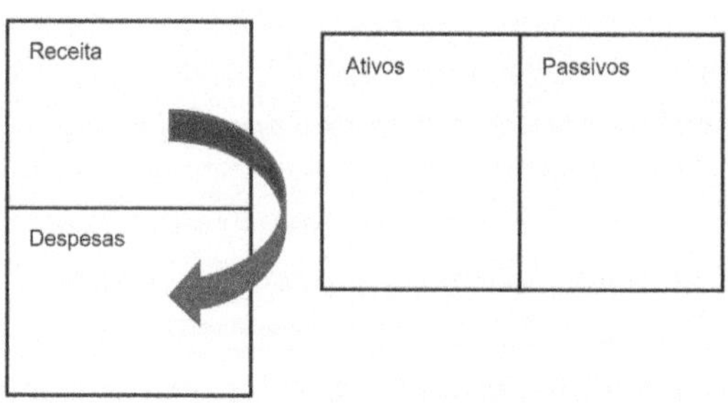

Figura 10.2 – Patrimônio estabilizado | Adaptado de *Pai Rico, Pai Pobre*

SITUAÇÃO 3: QUANDO AS RECEITAS SÃO MAIORES QUE AS DESPESAS

Quando as receitas são maiores do que as despesas, haverá aumento de patrimônio. A taxa de crescimento irá depender de como se investe o resultado do fluxo de caixa.

Aquisição de ativos ruins

Se a "sobra de caixa" for destinada à aquisição de ativos ruins, aqueles que geram despesas, o crescimento será mais lento, pois a aquisição desses bens irá comprometer o fluxo de caixa futuro, aumentando as despesas e, consequentemente, diminuindo o lucro. Dessa maneira, o processo de crescimento será mais longo e mais caro, mas em longo prazo haverá aumento do patrimônio.

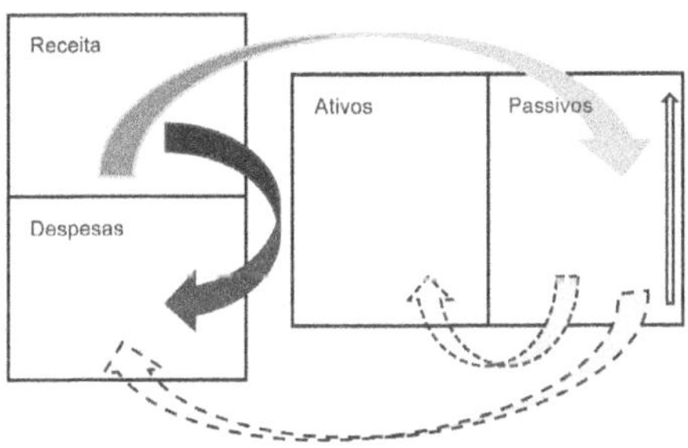

Figura 10.3 – Aumento de patrimônio de forma mais lenta | Adaptado de *Pai Rico, Pai Pobre*

Um exemplo clássico para ilustrar este caso é a aquisição de um automóvel financiado.

Ao comprar o automóvel, aumenta-se o ativo; em contrapartida, aumenta-se o passivo, pois se adquire uma dívida. Esse automóvel irá gerar uma série de despesas e gastos fantasmas, conforme vimos no Capítulo 6, que irão reduzir o resultado do fluxo de caixa. Observe:

Inicialmente, há uma redução de patrimônio.

O automóvel foi adquirido por um determinado valor e, ao sair da concessionária, é desvalorizado, de modo que, ao vendê-lo, não se obtém o mesmo preço (redução do ativo). Por outro lado, o somatório das prestações (passivo) resultará em um valor maior do que o valor de mercado do carro, devido à cobrança de juros.

Portanto, se há aumento do passivo e redução do ativo, haverá redução do patrimônio líquido.

Porém, ao longo do tempo, as prestações do veículo vão sendo quitadas, o passivo vai diminuindo e a diferença entre ativo e passivo vai aumentando gradativamente; como efeito, aumenta o patrimônio líquido.

Aquisição de ativos bons

Se a "sobra de caixa" for destinada à aquisição de ativos bons, aqueles que geram renda, o crescimento será mais rápido, pois a aquisição desses bens irá melhorar o fluxo de caixa futuro, aumentando as receitas e, consequentemente, aumentando o lucro. Dessa maneira, o processo de crescimento será bem mais rápido.

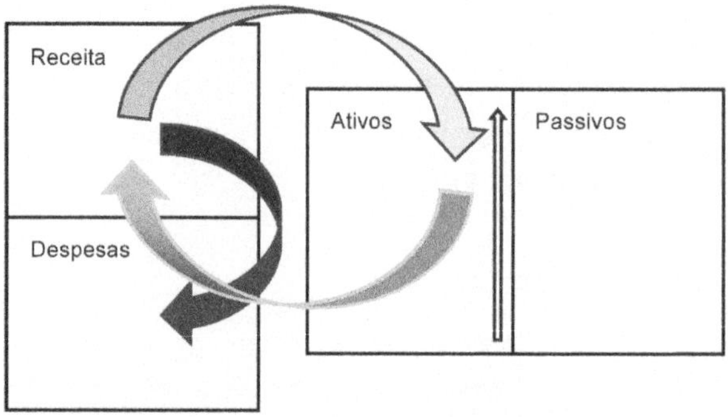

Figura 10.4 – Aumento de patrimônio de forma rápida | Adaptado de *Pai Rico, Pai Pobre*

Podemos citar como exemplo a compra de um imóvel para alugar. Ao comprar um imóvel à vista, manteve-se o ativo inalterado; houve apenas troca de ativos de curto prazo para ativo permanente, pois havia dinheiro e agora há o imóvel, no mesmo valor. O passivo também se manteve inalterado, pois não há dívida. A diferença estará no fluxo de caixa futuro, pois as receitas, a partir de então, são majoradas do valor do aluguel; assim, sobra mais recursos para investir em novos ativos, o que resultará em aumento de patrimônio líquido.

Uma aplicação financeira também gera o mesmo efeito, pois os juros ou dividendos, no caso de ações, aumentam a geração de renda.

Assim se constrói patrimônio rapidamente, pois esses ativos ajudam no processo de crescimento financeiro.

Taxa de poupança

A taxa de poupança é um índice simples e fácil de calcular.

É a divisão entre o que se poupa por mês pelo que se ganha.

$$\text{Taxa de Poupança} = \frac{\text{RESULTADO DISPONÍVEL PARA INVESTIR}}{\text{RECEITAS MENSAIS}}$$

Utilizando o exemplo do Capítulo 5, a Figura 10 indica que o resultado disponível para o indivíduo em questão investir é de R$ 374, e o total de receita oriunda de trabalho é de R$ 3.600, logo, a taxa de poupança é de 10%.

$$\text{Taxa de Poupança} = \frac{374{,}00}{3.600{,}00} = 0{,}10 = 10\%$$

Isso significa que 10% da renda está sendo poupada.

Quanto maior este indicador, melhor, pois manter o índice de poupança elevado é fundamental para quem quer atingir a liberdade financeira!

Taxa de riqueza

A taxa de riqueza foi proposta pelo livro *Aposentado jovem e rico*, de Robert Kiyosaki. Segundo o autor, o cálculo da taxa de riqueza é também muito simples, basta somar o valor da renda passiva com o valor da renda de portfolio e dividir o resultado pelo valor total das despesas.

$$\text{Taxa de Riqueza} = \frac{\text{renda passiva} + \text{renda de portfolio}}{\text{despesas totais}}$$

Renda passiva é aquela que se recebe sem trabalhar – por exemplo, a renda de aluguéis, pensão e aposentadoria pública. Renda de portfolio é aquela gerada a partir dos seus investimentos, seja renda fixa, ações ou qualquer outro investimento.

O objetivo do cálculo da taxa de riqueza é fazer com que a renda passiva e a de portfolio se igualem ou excedam as despesas totais. Quando isso acontecer será possível, por exemplo, se aposentar e manter o padrão de vida. Quando chega a esse estágio, podemos dizer que foi atingida a liberdade financeira.

Analisando o exemplo do Capítulo 5 verificamos, conforme a Figura 5.10, do balanço patrimonial, que o indivíduo em questão não possui renda passiva e ganha R$ 206 como renda de portfolio dos seus investimentos, conforme vimos no cálculo do patrimônio esperado.

Na mesma figura, o demonstrativo de resultado indica que os gastos mensais totalizam R$ 3.226. Assim, a taxa de riqueza calculada é de 6,4%. Muito longe do objetivo!

$$\text{Taxa de Riqueza} = \frac{\text{R\$ } 206{,}00}{\text{R\$ } 3.226{,}00} = 0{,}064 = 6{,}4\%$$

Quanto maior esse índice, mais próximo se fica da liberdade financeira. O ideal é monitorar a taxa de riqueza para que, ao longo do tempo, ela se aproxime de 100%.

Monitorando os resultados

Mesmo que os resultados não estejam de acordo com as expectativas, o importante é monitorá-los com frequência e perceber que os indicadores estão melhorando.

Para fins didáticos e para ilustrar o exemplo prático, vamos supor que o indivíduo, a partir do qual apresentamos o balanço patrimonial e o demonstrativo de resultado, tivesse no período anterior 35% do patrimônio esperado, uma taxa de poupança de 8% e uma taxa de riqueza de 5%. Ao analisarmos a evolução de um período para o outro, chegaremos nos seguintes resultados, apresentados na Tabela 10.2.

	Data anterior	Data atual	Crescimento (%)
% do patrimônio esperado	35%	46%	31,4%
Taxa de poupança	8%	10%	25%
Taxa de riqueza	5%	6,4%	28%

Tabela 10.2

Veja que apesar dos números serem considerados baixos, nota-se claramente boa evolução na situação financeira, pois os índices de crescimento apresentam alta significativa.

Como chegar lá

Primeiro passo: trabalho e crescimento pessoal

O trabalho dignifica o homem. Sem trabalho não se chega a lugar algum. É do trabalho que vem a renda. O crescimento financeiro virá acompanhado do crescimento pessoal e profissional. Invista em conhecimento e busque qualificação pessoal e profissional constantemente. A maioria das pessoas bem-sucedidas financeiramente são também bem-sucedidas profissionalmente.

Segundo passo: organização financeira

Ter organização financeira norteada por um bom planejamento é o início da conquista da liberdade financeira. A visão de longo prazo, as metas e os objetivos definidos são motivadores da gestão das finanças pessoais e da administração do fluxo de caixa, pois o aumento da taxa de poupança faz a diferença.

Terceiro passo: perfil de investimento

"Não coloque todos os ovos em uma só cesta!" Já ouviu esse ditado?

Com certeza sim, pois é uma das frases mais citadas quando se fala de diversificação e alocação de recursos. Afinal, você sabe qual é seu perfil de risco? Que percentual de recursos irá destinar para a renda fixa e quanto irá para a renda variável?

Perfil de risco: conservador, moderado ou agressivo?

Conhecendo as principais alternativas de investimento do mercado financeiro, fica mais fácil conhecer seu perfil de risco. As questões a seguir têm o objetivo de auxiliá-lo nesse sentido. É claro que são questões gerais e servem apenas como um guia para avaliação. Elas não substituem, de forma alguma, uma reflexão objetiva e comprometida de sua saúde financeira e de seu planejamento financeiro.

Para que o exercício surta efeito, é preciso responder todas as perguntas da forma mais sincera possível.

1. Qual a sua faixa etária?

a) Menos de 30 anos.

b) Entre 31 e 40 anos.

c) Entre 41 e 50 anos.

d) Mais de 51 anos.

2. Quantas pessoas dependem economicamente de você?

a) Nenhuma.

b) 1 ou 2.

c) 3 ou 4.

d) 5 ou 6.

e) Acima de 6.

3. Ao investir no mercado financeiro, você pretende:

a) Preservar seu capital (protegê-lo da inflação).

b) Obter um crescimento moderado de seu capital.

c) Buscar um crescimento rápido e/ou significativo de seu capital (muito acima da poupança/inflação).

4. Em relação a suas aplicações no mercado financeiro até hoje:

a) Seus investimentos sempre ficaram restritos ao mercado de renda fixa.

b) Você já investiu em outros mercados (ações/fundos de ações, derivativos, futuro de opções).

c) Você tem investido regularmente em outros mercados (ações/fundos de ações, derivativos, futuro de opções).

5. Investindo hoje, você pretende iniciar os resgates de suas aplicações:

a) Em menos de 1 ano.

b) Entre 1 e 2 anos.

c) Em mais de 2 anos.

6. Como você reagiria a flutuações em seus investimentos?

a) Sua renda é fundamental para seu dia a dia. Precisa de investimentos que tenham rentabilidade previsível.

b) O dia a dia do mercado o deixa desconfortável. Quer ter investimentos que eventualmente rendam pouco, mas de forma consistente.

c) Suporta algumas flutuações, mas não pode perder capital.

d) Tem preocupações de ganho real em longo prazo e acredita que oscilações maiores podem ocorrer em curto prazo. Sabe que perdas em curto prazo fazem parte do negócio.

e) Grandes oscilações em curto prazo não o preocupam. Pode até perder dinheiro no mercado, mas sempre dentro de uma estratégia de investimento na qual acredite.

7. Quando contrata um seguro para seu carro, você:

a) Opta pela menor franquia garantindo a máxima cobertura possível, mesmo que o prêmio seja maior.

b) Opta por uma franquia intermediária, de forma que o prêmio seja maior.

c) Escolhe uma apólice com franquia elevada para pagar um prêmio menor, mesmo que tenha que arcar com parte dos custos em caso de alguns sinistros.

d) Não faz seguro de automóvel, pois não acha necessário.

e) Não tem automóvel.

Tabulando as respostas

A Tabela 10.3 apresenta a pontuação de cada questão, de acordo com a opção escolhida. Anote seus pontos na última coluna da direita. Lembre-se: é necessário responder a todas as perguntas e da forma mais verdadeira possível. Neste teste não há respostas certas ou erradas.

Alternativa	a	b	c	d	e	Pontos
Questão 1	20	15	10	5	-	
Questão 2	20	15	10	5	0	
Questão 3	10	20	30	-	-	
Questão 4	5	10	15	-	-	
Questão 5	10	20	30	-	-	
Questão 6	0	10	20	30	40	
Questão 7	5	10	15	20	0	
				Total de pontos		

Tabela 10.3 – Grade de pontuação

Some os pontos e confira:

- Se você pontuou de 35 a 90, você é conservador: quer proteger suas economias, mas não se sente confortável em assumir riscos. Prefere aplicações que tenham um rendimento baixo, mas que não deixem seu coração aos pulsos em momento de crise.

- Se você pontuou de 95 a 115, é considerado moderado: além de proteger seu dinheiro da inflação, você quer que suas aplicações financeiras lhe ajudem a aumentar seu patrimônio. Para isso, está disposto a correr riscos, mas sem exageros.

- Por fim, se você pontuou de 120 a 175, é um investidor arrojado: está disposto a assumir riscos, pois quer aumentar bastante seu patrimônio com as aplicações financeiras que realiza. Sua situação financeira atual lhe permite arriscar mais e você consegue encarar com frieza momentos de crise financeira.

Regra dos 100

Se você ficou classificado como moderado ou agressivo, pode diversificar seus investimentos alocando os recursos em renda fixa e variável segundo a regra dos 100. Trata-se de uma regra sugerida por alguns autores e sites e serve como parâmetro para o início dos investimentos levando em conta a idade das pessoas. Veja como funciona:

Tome sua idade e a subtraia de 100. O resultado é a porcentagem de suas economias que você pode investir em ações ou em outras rendas variáveis. O resto ficaria em renda fixa.

Digamos que você tenha 30 anos: 70% (100-30) de suas economias estariam em renda variável e 30% em renda fixa. Faz sentido!

Quanto mais jovem se é, mais facilmente se recupera de um possível tropeço ou de um momento de crise. Há mais tempo de vida para isso.

À medida que a idade chega, é preciso investir com mais segurança. Há outras variáveis a serem estimadas, afinal, as fases da vida vão mudando. Por isso, com a regra dos 100, o volume na renda variável cai na medida em que os anos avançam.

Regra dos 80

Se você ficou classificado como conservador, poderá adotar a regra dos 80, que é mais conservadora. O princípio é o mesmo, porém a parcela em renda fixa é maior. Neste caso, um investidor de 30 anos terá 50% (80-30) das suas economias em renda variável e 50% em renda fixa.

A regra dos 100 e a regra dos 80 são apenas regras, com o perdão da redundância. Não foram formuladas com embasamento científico algum; por isso, não há necessidade de segui-las à risca. Foram criadas para nortear, principalmente, os investidores iniciantes.

Quarto passo: plano de investimento

O investidor inteligente

Benjamin Graham,[1] em seu célebre livro *O investidor inteligente*, escrito em 1949, embora continue atual, é válido para todos aqueles que desejam conquistar sua liberdade financeira utilizando o mercado de ações, pois salienta a importância de se ter um plano de investimento vencedor que deve ser seguido com persistência e disciplina em longo prazo. A ideia é gerir os recursos destinando parte deles em investimentos de renda fixa e o restante em renda variável.

1 Graham era professor da Universidade de Columbia e teve entre um de seus destacados alunos o conhecido investidor Warren Buffett, que imortalizou sua obra tornando-se um dos homens mais ricos do mundo, justamente aplicando esses conhecimentos.

Você pode iniciar seu plano de investimento utilizando a regra dos 100 ou a regra dos 80. Escolha qual das duas se adapta melhor ao seu perfil, diversifique seus recursos e faça aportes mensais gerenciando os recursos de forma equilibrada ao longo dos anos.

Nesse período haverá momentos de euforia no mercado de ações, que farão com que você fique movido pela ganância, fique tentado a comprar mais ações depois de seus preços terem subido muito. Em outros momentos, porém, movido pelo medo, ficará tentado a vendê-las depois de os preços terem caído muito. Além disso, pode acontecer também que, em alguns momentos, você tenha medo de fazer os aportes mensais preestabelecidos, necessários ao processo de acumulação que decidiu empreender. Aí entra a persistência e a disciplina. Nessas horas o investidor inteligente precisa ser racional para não ser envolvido pela multidão desses desconhecidos chamados mercado, que influenciam a maioria das pessoas. É preciso ter sangue frio e desconsiderar os movimentos do mercado em curto prazo.

Em seu plano de investimentos, você estipulará uma quantia mensal de depósito que deve ser investida periodicamente; portanto, independente das tendências ou notícias do momento, não deixe de investir. Quando receber um dinheiro extra, reforce seus aportes, principalmente se coincidir com fortes quedas do mercado.

Defina uma data e dê continuidade a esse plano até o fim, sem esquecer que quanto maior o tempo, mais significativo será o efeito dos juros compostos.

Procure ser determinado e cumpra o plano rigorosamente, abrindo exceção, é claro, para casos urgentes e de extrema necessidade de dinheiro, como uma emergência médica ou perda inesperada de emprego. De tempos em tempos, reavalie o plano e o altere sempre a seu favor, antecipando sua liberdade financeira.

Para exemplificar, analisaremos o resultado obtido por uma pessoa que iniciou seu plano de investimento em 01/05/2005, na época com 30 anos de idade.

PLANO DE INVESTIMENTO - INDICADORES

	Data início do período	Data de reajuste	Variação Ibovespa %	Variação CDI %
Operação 1	1/1/2005	30/6/2005	-4,0%	8,9%
Operação 2	1/7/2005	31/12/2005	32,4%	9,2%
Operação 3	1/1/2006	30/6/2006	10,0%	7,8%
Operação 4	1/7/2006	31/12/2006	21,4%	6,7%
Operação 5	1/1/2007	30/6/2007	21,9%	6,0%
Operação 6	1/7/2007	31/12/2007	17,9%	5,5%
Operação 7	1/1/2008	30/6/2008	1,8%	5,4%
Operação 8	1/7/2008	31/12/2008	-42,2%	6,6%
Operação 9	1/1/2009	30/6/2009	37,2%	5,3%
Operação 10	1/7/2009	31/12/2009	32,5%	4,3%

Tabela 10.4 – Indicadores

A estratégia utilizada foi de analisar os resultados e reajustar o plano a cada seis meses. Não foi realizado nenhum aporte mensal, apenas o gerenciamento do capital inicial capitalizado.

Veja os indicadores do Ibovespa e do CDI do período.

O plano de investimento é manter a carteira ajustada de modo a obter, segundo a regra dos 100, 70% do patrimônio em renda variável e 30% em renda fixa. Para fins didáticos, foram escolhidos o CDI como parâmetro de renda fixa e o Índice Bovespa como parâmetro de renda variável.

Na prática, o investidor pode escolher ações de empresas específicas ou alocar os recursos em um fundo de ações. O ideal é que opte por fundos ou ações com *performance* acima do Ibovespa, bem como, na alternativa de renda fixa, escolha títulos públicos com rentabilidade melhor que a do CDI. Quanto melhor for o critério de escolha dos títulos, melhor será a *performance* da carteira de investimentos.

Assim, a cada seis meses, a carteira é reavaliada e reajustada na proporção 70% x 30%, conforme demonstrado na Tabela 10.5.

PLANO DE INVESTIMENTO - SIMULAÇÃO	
Idade	30 anos
Patrimônio Inicial	R$ 10.000,00

Operações	Início da Operação 70%	30%	Final da Operação		
	Renda Variável	Renda Fixa	Renda Variável	Renda Fixa	Total
Operação 1	7.000,00	3.000,00	6.720,00	3.267,00	9.987,00
Operação 2	6.990,90	2.996,10	9.255,95	3.271,74	12.527,69
Operação 3	8.644,11	3.883,58	9.508,52	4.186,50	13.695,02
Operação 4	9.449,57	4.245,46	11.471,77	4.529,90	16.001,68
Operação 5	10.881,14	5.120,54	13.264,11	5.427,77	18.691,88
Operação 6	12.710,48	5.981,40	14.985,65	6.310,38	21.296,03
Operação 7	14.268,34	7.027,69	14.525,17	7.409,29	21.934,46
Operação 8	14.696,09	7.238,37	8.494,34	7.716,11	16.210,45
Operação 9	10.698,89	5.511,55	14.678,88	5.803,66	20.482,55
Operação 10	13.518,48	6.964,07	17.911,99	7.263,52	25.175,51

Rentabilidade	1,55% a.m.
Rentabilidade	20,28% a.a.
Rentabilidade	151,76% no período

Tabela 10.5 – Gerenciamento da carteira

No final da operação 1, houve uma redução de patrimônio, devido à queda no Ibovespa no período, que foi de 4% (ver Tabela 10.3). Note que o valor de R$ 7.000, inicialmente aplicado na renda variável, está em R$ 6.720 (-4%). As aplicações de renda fixa valorizaram conforme o CDI do período, de 8,9% (ver Tabela 10.3), partindo de R$ 3.000,00 para R$ 3.267,00. Assim, o total do patrimônio, renda fixa mais renda variável, de R$ 9.987, foi reajustado, conforme a regra dos 100. Destinou-se, então, 70%, R$ 6.990,90 (70% x R$ 9.987) para renda variável e 30%, R$ 2.996,10 (30% x R$ 9.987) para renda fixa.

Observe que, devido à queda na Bolsa, parte dos recursos alocados na renda fixa foram realocados na renda variável.

Durante a operação 2, ocorreu o contrário; parte dos ganhos da renda variável foram destinados para a renda fixa. Como nesse período a bolsa subiu, o Ibovespa apresentou alta de 32,4% (ver Tabela 10.3), os recursos aplicados em renda variável valorizaram para R$ 9.255,95, que é a valorização de 32,6% sobre R$ 6.990,43 (R$ 6.990,43 x 1,324), e os de renda fixa encerraram o período em R$ 3.271,74 (R$ 2.996,10 x 1,092), alta de 9,2%, que corresponde à Tabela 10.3). No final desse período, o valor do patrimônio é de R$ 12.527,69, e novamente foi reajustado, porém agora na proporção 69% por 31% (devido à idade que agora é de 31 anos), permanecendo aplicados R$ 8.644,11 na renda variável e R$ 3.883,58 na renda fixa.

Importante destacar que, apesar de não estar demonstrado na tabela, a cada duas operações, ou seja, a cada ano, o percentual em renda variável vai diminuindo um ponto percentual e o da renda fixa segue aumentando na mesma ordem de grandeza; afinal de contas, o investidor vai ficando mais velho, e a regra dos 100 vai reduzindo o percentual em renda variável e aumentando o de renda fixa. Assim, após a décima operação, a próxima alocação deverá aportar 65% dos recursos em renda variável e 35% em renda fixa.

Portanto, após as dez operações observa-se que, devido à alta da Bolsa, na maioria das operações as parcelas correspondentes à renda variável rentabilizaram mais do que as parcelas da renda fixa. Nesses casos, houve realocação de recursos da renda variável para a renda fixa. Apenas no final da operação 1 e no final da operação 8 ocorreu o contrário. A taxa bruta obtida na operação foi de 151,76%, equivalente a uma taxa anual de 20,28% ou ainda 1,55% a.m.

Há diversas maneiras de gerenciamento de carteira, em que o investidor pode utilizar ferramentas gráficas, como suporte resistência, indicador das médias móveis, entre outras, para definir pontos de entrada e de saída no mercado de ações. No entanto, a metodologia apresentada aqui é relativamente simples e não requer conhecimento de análise gráfica. Exige somente disciplina e atenção por parte do investidor. Ponha em prática seu plano de investimento. Diversifique seus recursos com inteligência e disciplina e verá que o resultado em longo prazo será recompensador.

Quinto passo: faça o pé-de-meia

No Capítulo 7 vimos a importância do juros compostos em longo prazo. Além disso, ficamos cientes de que a taxa de juros e o tempo fazem a diferença quando se forma a poupança. Vamos utilizar agora alguns conceitos de juros compostos para calcularmos os valores necessários para atingirmos a liberdade financeira.

Planejando a aposentadoria

A seguir, faremos uma simulação a partir de alguns parâmetros importantes que nos possibilitarão estimar os valores financeiros que irão nos levar à conquista da liberdade financeira.

Preencha a tabela seguinte com seus dados pessoais, para que você possa, ao longo do exercício, substituir os dados apresentados e utilizados na sequência do cálculo por seus dados.

PLANEJAMENTO APOSENTADORIA - SIMULAÇÃO:
NOME:
IDADE: anos
IDADE DA APOSENTADORIA: anos
TEMPO ATÉ A APOSENTADORIA: meses
EXPECTATIVA DE VIDA: anos
TEMPO DE VIDA APÓS A APOSENTADORIA: meses
EXPECTATIVA DE SALÁRIO: R$
TAXA REAL MÉDIA: % a.m.

Tabela 10.6

Vamos imaginar um jovem de 25 anos de idade, ciente de que no Brasil a aposentadoria pública, pelo INSS, só poderá ser conquistada quando ele completar 65 anos. Sendo assim, faltam 40 anos ou 480 meses (40 anos x 12 meses) para o mesmo se aposentar.

A expectativa de vida vem aumentando em nosso país. As pessoas estão vivendo por mais tempo, preocupando-se mais com a qualidade de vida – praticam esportes, alimentam-se melhor, cuidam mais da saúde etc. A indústria farmacêutica e a medicina também têm evoluído muito nas últimas décadas, logo a tendência é que se viva melhor e por mais tempo.

Vamos supor que ele vá aos 100 anos de idade. Dessa forma, aposentando-se aos 65 anos e vivendo até os 100 anos, terá mais 35 anos ou 420 meses (35 anos x 12 meses), como "aposentado".

Pois bem, está definida sua linha do tempo. Resta saber agora qual é sua expectativa de renda após a "aposentadoria". Quanto ele julga necessário resgatar mensalmente para viver bem, sem se preocupar com trabalho.

Pense em uma renda que lhe permita custear todas as suas despesas, pagar um bom plano de saúde, que lhe possibilite presentear os filhos e netos, enfim, que seja o suficiente para você ter sua liberdade financeira.

Pensou?

Para fins de simulação, vou considerar R$ 8 mil, que é uma renda bem superior à média de renda dos brasileiros. Escolha a sua e utilize no cálculo.

Definidos os parâmetros, vamos para talvez ao ponto mais importante, que é o de arbitrar a melhor taxa de rentabilidade possível. Para isso, é necessário escolher muito bem as alternativas de investimento, fazer um ótimo gerenciamento de carteira e, com muita disciplina, colocar o plano de investimento para funcionar.

Importante considerar a taxa real, ou seja, a taxa efetiva descontada da inflação. Só assim será possível manter o poder de compra dos R$ 8 mil após os 65 anos.

Com a tendência de queda da taxa de juros no Brasil, investir somente em alternativas de renda fixa não apresentará taxas tão atrativas. A sugestão é diversificar os recursos, parte em renda fixa, parte em renda variável, para alcançar melhor taxa.

Poderíamos utilizar a taxa resultante do plano de investimento exemplificado anteriormente, de aproximadamente 20% a.a., mas vamos ser mais conservadores e considerarmos uma taxa efetiva de 14,5% a.a., que, descontada a inflação de 4,5% a.a., nos daria uma taxa real de 10% a.a., que equivale aproximadamente a 0,8% a.m. Em sua simulação, seja mais agressivo e veja a diferença em longo prazo.

Assim, o cenário para a simulação está completo, conforme mostra a Figura 10.5.

PLANEJAMENTO APOSENTADORIA - SIMULAÇÃO:
NOME: O INVESTIDOR INTELIGENTE
IDADE: 25 anos
IDADE DA APOSENTADORIA: 65 anos
TEMPO ATÉ A APOSENTADORIA: 480 meses
EXPECTATIVA DE VIDA: 100 anos
TEMPO DE VIDA APÓS A APOSENTADORIA: 420 meses
EXPECTATIVA DE SALÁRIO: R$ 8.000,00
TAXA REAL MÉDIA: 0,8 % a.m.

Figura 10.5

Vamos ao cálculo:

Inicialmente calcularemos quanto o investidor inteligente precisa ter acumulado aos 65 anos para desfrutar dos R$ 8 mil mensais futuramente. No Capítulo 7, revisamos o conceito de série de pagamentos que é necessário para este cálculo. A fórmula utilizada é a seguinte:

$$PV = PMT \cdot \left[\frac{(1+i)^n - 1}{(1+i)^n \cdot i} \right]$$

Porém, vamos adaptá-la para uma linguagem mais simples e que possa simplificar sua vida, em que:

PV: Será o montante desejado para liberdade financeira

PMT: Será o valor da receita mensal desejada

$\left[\frac{(1+i)^n - 1}{(1+i)^n \cdot i}\right]$: Denominaremos por coeficiente de valor atual, que irá variar de acordo com a quantidade de resgates (n) e com a taxa de rentabilidade mensal (i) escolhida.

A Tabela 10.6 apresenta os coeficientes de valor atual calculado para diversas taxas e períodos; portanto, não precisaremos dispor de uma calculadora científica ou financeira para a realização desse cálculo.

MONTANTE DESEJADO PARA LIBERDADE FINANCEIRA	=	RECEITA MENSAL DESEJADA	X	COEFICIENTE DE VALOR ATUAL

Para calcular o valor que você deverá ter acumulado aos 65 anos, basta multiplicar a receita mensal desejada pelo coeficiente de valor atual encontrado na Tabela 10.7. Associe a linha do período que indica a quantidade de resgates em meses com a coluna da taxa.

Coeficiente de Valor Atual

		Taxa de juros mensal									
		0,5%	0,6%	0,7%	0,8%	0,9%	1,0%	1,1%	1,2%	1,3%	1,4%
Período em meses	12	11,6189	11,5448	11,4714	11,3986	11,3265	11,2551	11,1843	11,1141	11,0446	10,9758
	24	22,5629	22,2899	22,0216	21,7578	21,4984	21,2434	20,9926	20,7460	20,5035	20,2650
	36	32,8710	32,2907	31,7247	31,1723	30,6334	30,1075	29,5942	29,0933	28,6042	28,1268
	60	51,7256	50,2621	48,8559	47,5042	46,2047	44,9550	43,7530	42,5964	41,4834	40,4119
	120	00,0736	85,3666	81,0035	76,9552	73,1955	69,7005	66,4484	63,4194	60,5954	57,9601
	180	118,5035	109,8845	102,1569	95,2139	88,9624	83,3217	78,2209	73,5985	69,4007	65,5801
	240	139,5808	127,0084	116,0760	106,5336	98,1728	90,8194	84,3275	78,5746	73,4574	68,8890
	300	155,2069	138,9683	125,2349	113,5515	103,5531	94,9466	87,4951	81,0070	75,3264	70,3258
	360	166,7916	147,3214	131,2616	117,9023	106,6960	97,2183	89,1382	82,1961	76,1875	70,9497
	420	175,3802	153,1554	135,2271	120,5997	108,5320	98,4688	89,9905	82,7774	76,5842	71,2206
	480	181,7476	157,2300	137,8365	122,2719	109,6045	99,1572	90,4326	83,0616	76,7669	71,3383

Tabela 10.7

No exemplo em questão, o coeficiente de valor atual será de 120,5997, que é o valor correspondente a 420 retiradas mensais (35 anos) a uma taxa de 0,8% a.m.

Efetuando o cálculo, teremos:

MONTANTE DESEJADO PARA LIBERDADE FINANCEIRA	=	R$ 8.000,00	X	120,5997

MONTANTE DESEJADO PARA LIBERDADE FINANCEIRA	=	R$ 964.797,60

Portanto, para o investidor inteligente poder desfrutar de R$ 8 mil mensais, será necessário que aos 65 anos de idade tenha conseguido acumular a quantia de R$ 964.797,60.

Veja como faz sentido. A quantia de R$ 964.797,60 aplicada a um juro de 0,80% renderá R$ 7.718,38, ou seja, o resgate de R$ 8 mil implicará a retirada total dos juros e uma pequena parte do capital, que com o passar do tempo vai ficando cada vez mais significativa. Quando chegar aos cem anos, ele irá resgatar a última parcela no valor de R$ 8 mil, e as reservas terão se esgotado.

Outra alternativa para não correr esse risco é a de retirar apenas os juros de 7.718,38 e viver com uma espécie de renda vitalícia, conservando o capital.

Vamos agora para o cálculo principal, que indicará quanto é necessário poupar mensalmente, a uma taxa média real de 0,8% a.m., para se chegar ao valor de R$ 964.797,60 que lhe garantirá a liberdade financeira.

O cálculo é realizado pela fórmula a seguir:

$$PMT = \frac{FV}{\left[\frac{(1+i)^n - 1}{i}\right]}$$

Da mesma forma que a anterior, essa equação será simplificada, na qual:

PMT: Será o valor dos aportes mensais a serem realizados

FV: Será o montante desejado para liberdade financeira

$\left[\frac{(1+i)^n - 1}{i}\right]$: Denominaremos por coeficiente de formação de poupança, que irá variar de acordo com a quantidade de resgates (n) e com a taxa de rentabilidade mensal (i) escolhida.

A Tabela 10.7 apresenta os coeficientes de formação de poupança calculados para diversas taxas e períodos; portanto, não precisaremos dispor de uma calculadora científica ou financeira para a realização desse cálculo.

$$\text{APORTES MENSAIS} = \frac{\text{MONTANTE DESEJADO PARA LIBERDADE FINANCEIRA}}{\text{COEFICIENTE DE FORMAÇÃO DE POUPANÇA}}$$

O coeficiente de formação de poupança é encontrado pela interseção da linha que apresenta o período de 480 meses (40 anos), que corresponde ao tempo que lhe falta para se aposentar e à taxa de rentabilidade arbitrada de 0,8% a.m.

Coeficiente de Formação de Poupança

		Taxa de juros mensal									
		0,5%	0,6%	0,7%	0,8%	0,9%	1,0%	1,1%	1,2%	1,3%	1,4%
Período em meses	12	12,34	12,40	12,47	12,54	12,61	12,68	12,75	12,82	12,90	12,97
	24	25,43	25,73	26,03	26,34	26,66	26,97	27,30	27,62	27,95	28,29
	36	39,34	40,05	40,78	41,53	42,29	43,08	43,88	44,70	45,54	46,40
	60	69,77	71,96	74,25	76,62	79,10	81,67	84,35	87,14	90,04	93,07
	120	163,88	175,00	187,09	200,22	214,50	230,04	246,96	265,39	285,48	307,39
	180	290,82	322,53	358,57	399,57	446,29	499,58	560,44	630,03	709,68	800,95
	240	462,04	533,76	619,18	721,13	843,08	989,26	1.164,79	1.375,96	1.630,43	1.937,58
	300	692,99	836,20	1.015,24	1.239,80	1.522,34	1.878,85	2.329,86	2.901,86	3.628,95	4.555,13
	360	1.004,52	1.269,23	1.617,14	2.076,41	2.685,15	3.494,96	4.575,94	6.023,32	7.966,80	10.583,14
	420	1.424,71	1.889,23	2.531,87	3.425,86	4.675,71	6.430,96	8.905,99	12.408,73	17.382,25	24.465,10
	480	1.991,49	2.776,94	3.922,02	5.602,50	8.083,29	11.764,77	17.253,60	25.471,01	37.818,82	56.434,02

Tabela 10.8

Então, dividindo o montante desejado de R$ 964.797,60 pelo coeficiente de formação de poupança, R$ 5.602,50, obtém-se o valor dos aportes mensais que devem ser realizados a partir do final do mês.

$$\text{APORTES MENSAIS} = \frac{\text{R\$ 964.797,60}}{\text{R\$ 5.602,50}} = \text{R\$ 172,21}$$

Ficou surpreso?

Pois é isso mesmo! R$ 172,21. O poder dos juros compostos pode ser observado claramente a partir deste exemplo.

Utilize seus dados, verifique quão distante você está do seu sonho, monte seu cenário e calcule que valor é necessário para atingir sua independência financeira.

Como foi falado no Capítulo 7, as variáveis taxa e tempo são cruciais para o cálculo. Quanto mais tempo de capitalização, menor será a parcela, quanto mais alta a taxa média de remuneração, da mesma forma. No entanto, quem tem menos tempo precisará de aportes maiores e/ou taxas maiores para atingir o mesmo objetivo.

Construindo o futuro

Até aqui, fizemos o processo inverso. Viemos de trás para frente. Estimulamos quanto desejaríamos ganhar e calculamos o valor que deve ser aplicado com disciplina mensalmente para atingirmos o objetivo. Vamos agora partir da situação atual e calcular qual montante pode ser obtido em um dado período resultante de aplicações mensais.

A fórmula utilizada no cálculo é a seguinte:

$$FV = PMT \cdot \left[\frac{(1+i)^n - 1}{i}\right]$$

em que:

PMT: Será o valor dos aportes mensais a serem realizados

FV: Será o montante desejado para liberdade financeira

$\left[\frac{(1+i)^n - 1}{i}\right]$: Denominaremos coeficiente de formação de poupança, que irá variar de acordo com a quantidade de resgates (n) e com a taxa de rentabilidade mensal (i) escolhida. Ver Tabela 10.7.

De forma simplificada teremos:

MONTANTE DESEJADO PARA LIBERDADE FINANCEIRA	=	APORTES MENSAIS	X	COEFICIENTE DE FORMAÇÃO DE POUPANÇA

Para calcular o montante desejado para a liberdade financeira, basta multiplicar o valor do aporte mensal pelo coeficiente de formação de poupança.

Para fins ilustrativos, vamos considerar que outro investidor inteligente esteja disposto a fazer uma poupança para daqui a 15 anos (180 meses). Está disposto a aplicar mensalmente R$ 900 em um fundo de ações que historicamente tem rentabilizado suas cotas em média 1% a.m. Diante desse cenário, o cálculo do valor acumulado no final desse período será calculado da seguinte maneira:

Inicialmente, consultando a Tabela 10.9, encontra-se o coeficiente de formação de poupança no valor de R$ 499,58, multiplicado pelo valor de R$ 900,00, que corresponde ao valor do depósito mensal.

Coeficiente de Formação de Poupança

		Taxa de juros mensal									
		0,5%	0,6%	0,7%	0,8%	0,9%	1,0%	1,1%	1,2%	1,3%	1,4%
Período em meses	12	12,34	12,40	12,47	12,54	12,61	12,68	12,75	12,82	12,90	12,97
	24	25,43	25,73	26,03	26,34	26,66	26,97	27,30	27,62	27,95	28,29
	36	39,34	40,05	40,78	41,53	42,29	43,08	43,88	44,70	45,54	46,40
	60	69,77	71,96	74,25	76,62	79,10	81,67	84,35	87,14	90,04	93,07
	120	163,88	175,00	187,09	200,22	214,50	230,04	246,96	265,39	285,48	307,39
	180	290,82	322,53	358,57	399,57	446,29	499,58	560,44	630,03	709,68	800,95
	240	462,04	533,76	619,18	721,13	843,08	989,26	1.164,79	1.375,96	1.630,43	1.937,58
	300	692,99	836,20	1.015,24	1.239,80	1.522,34	1.878,85	2.329,86	2.901,86	3.628,95	4.555,13
	360	1.004,52	1.269,23	1.617,14	2.076,41	2.685,15	3.494,96	4.575,94	6.023,32	7.966,80	10.583,14
	420	1.424,71	1.889,23	2.531,87	3.425,86	4.675,71	6.430,96	8.905,99	12.408,73	17.382,25	24.465,10
	480	1.991,49	2.776,94	3.922,02	5.602,50	8.083,29	11.764,77	17.253,60	25.471,01	37.818,82	56.434,02

Tabela 10.9

MONTANTE DESEJADO PARA LIBERDADE FINANCEIRA	=	R$ 900,00	X	499,58

O valor acumulado no final de 15 anos é de R$ 449.622,00

MONTANTE DESEJADO PARA LIBERDADE FINANCEIRA	=	R$ 449.622,00

Com este valor acumulado, é possível calcularmos o valor da receita mensal que ele poderá gerar em um determinado período e a uma determinada taxa. A fórmula para esse cálculo será a seguinte:

$$PMT = \frac{PV}{\left[\frac{(1+i)^n \cdot i}{(1+i)^n - 1}\right]}$$

Em que:

PV: Será o montante desejado para liberdade financeira;

PMT: Será o valor da receita mensal desejada;

$\left[\frac{(1+i)^n \cdot i}{(1+i)^n - 1}\right]$: Será o coeficiente de valor atual, que irá variar de acordo com a quantidade de resgates (n) e com a taxa de rentabilidade mensal (i) escolhida. Ver Tabela 10.6.

De forma simplificada, teremos:

$$\text{RECEITA MENSAL DESEJADA} = \frac{\text{MONTANTE DESEJADO PARA LIBERDADE FINANCEIRA}}{\text{COEFICIENTE DE VALOR ATUAL}}$$

O valor da receita mensal desejada será o resultado da razão entre o montante desejado para a liberdade financeira e o coeficiente de valor atual.

Se o investidor do exemplo anterior, após os 15 anos de capitalização, resgatar o montante de R$ 449.622,00 do fundo de ações e aplicá-lo na caderneta de poupança, que rende 0,50% a.m., poderá contar com que valor mensal pelos próximos 20 anos (240 meses)?

O resultado será a divisão do valor de R$ 449.622,00 pelo coeficiente de valor atual, 139,5808, resgatado pela Tabela 10.10, para o período de 240 meses e taxa de 0,5% a.m.

Coeficiente de Valor Atual

Período em meses	Taxa de juros mensal 0,5%	0,6%	0,7%	0,8%	0,9%	1,0%	1,1%	1,2%	1,3%	1,4%
12	11,6189	11,5448	11,4714	11,3986	11,3265	11,2551	11,1843	11,1141	11,0446	10,9758
24	22,5629	22,2899	22,0216	21,7578	21,4984	21,2434	20,9926	20,7460	20,5035	20,2650
36	32,8710	32,2907	31,7247	31,1723	30,6334	30,1075	29,5942	29,0933	28,6042	28,1268
60	51,7256	50,2621	48,8559	47,5042	46,2047	44,9550	43,7530	42,5964	41,4834	40,4119
120	90,0735	85,3666	81,0035	76,9552	73,1955	69,7005	66,4484	63,4194	60,5954	57,9601
180	118,5035	109,8845	102,1569	95,2139	88,9624	83,3217	78,2209	73,5985	69,4007	65,5801
240	139,5808	127,0084	116,0760	106,5336	98,1728	90,8194	84,3275	78,5746	73,4574	68,8890
300	155,2069	138,9683	125,2349	113,5515	103,5531	94,9466	87,4951	81,0070	75,3264	70,3258
360	166,7916	147,3214	131,2616	117,9023	106,6960	97,2183	89,1382	82,1961	76,1875	70,9497
420	175,3802	153,1554	135,2271	120,5997	108,5320	98,4688	89,9905	82,7774	76,5842	71,2206
480	181,7476	157,2300	137,8365	122,2719	109,6045	99,1572	90,4326	83,0616	76,7669	71,3383

Tabela 10.10

$$\text{RECEITA MENSAL DESEJADA} = \frac{\text{R\$ 449.622,00}}{139{,}5808} = \text{R\$ 3.221,06}$$

Diante desse cenário, será possível resgatar, pelos próximos 20 anos, a quantia de R$ 3.221,06 mensalmente, até que todo o montante seja liquidado.

Estas, portanto, são as ferramentas de cálculo necessárias para que você possa projetar e atingir sua liberdade financeira. Na prática, é necessário muita disciplina e organização, sempre tendo em mente que "não é preciso fazer coisas extraordinárias para se obter resultados extraordinários". Um pequeno esforço todos os meses pode garantir-lhe uma situação confortável no futuro.

SEXTO PASSO: EDUCAÇÃO FINANCEIRA CONTINUADA

Através da educação financeira, daqui a algum tempo, as pessoas terão uma nova visão e novas atitudes em relação ao dinheiro. Hoje, muitas pessoas estão em situações financeiras delicadas por pura falta de informação e de noções básicas para administrar seus recursos financeiros. E, como em todo processo educativo, a educação financeira também requer aprendizado contínuo. Nunca poderemos dizer que sabemos tudo nesse assunto, pois a economia tem mudanças diárias, que nos exigem acompanhamento constante do que está acontecendo.

Leia bons livros, faça cursos de investimentos e afins, acompanhe o desempenho dos indicadores do mercado. Não acredite em tudo que você houve e lê, seja seletivo e aprenda a filtrar informações, verifique se está de acordo com seu perfil e com sua estratégia de investimento. Use sempre seu bom-senso e não acredite no dinheiro fácil. Em caso de dúvidas, recorra a um consultor financeiro. Lembre-se: uma decisão financeira errada hoje pode ter efeito prolongado por muito mais tempo que se esperava.